二战 战役

沙漠烽烟
SHAMO FENGYAN

阿拉曼争夺战

ALAMAN ZHENGDUOZHAN

文轩 编著

中国书籍出版社
China Book Press

图书在版编目（CIP）数据

沙漠烽烟：阿拉曼争夺战 / 文轩编著 . -- 北京：中国书籍出版社，2021.11

ISBN 978-7-5068-8795-3

Ⅰ.①沙… Ⅱ.①文… Ⅲ.①第二次世界大战战役—史料—北非 Ⅳ.① E195.2

中国版本图书馆 CIP 数据核字 (2021) 第 228496 号

沙漠烽烟 ：阿拉曼争夺战

文轩　编著

图书策划	武　斌　崔付建
责任编辑	尹　浩
责任印制	孙马飞　马　芝
出版发行	中国书籍出版社
地　　址	北京市丰台区三路居路 97 号（邮编：100073）
电　　话	（010）52257143（总编室）（010）52257140（发行部）
电子邮箱	eo@chinabp.com.cn
经　　销	全国新华书店
印　　刷	三河市华东印刷有限公司
开　　本	710 毫米 ×1000 毫米　1/16
字　　数	310 千字
印　　张	14
版　　次	2022 年 3 月第 1 版
印　　次	2023 年 4 月第 2 次印刷
书　　号	ISBN 978-7-5068-8795-3
定　　价	46.00 元

版权所有　翻印必究

·前　言·

1939年9月1日，德意志第三帝国进攻波兰，两天后，英、法对德宣战，第二次世界大战全面爆发。以德意志第三帝国、意大利王国、日本帝国三个法西斯轴心国和匈牙利王国、罗马尼亚王国、保加利亚王国等仆从国为一方，以反法西斯同盟和全世界反法西斯力量为另一方进行的第二次全球规模的战争持续了六年。从欧洲到亚洲，从大西洋到太平洋，先后有61个国家和地区、20亿以上的人口被卷入战争，作战区域面积2200万平方公里。据不完全统计，战争中军民共伤亡9000余万人，4万多亿美元付诸流水。

直到1945年9月2日，日本无条件投降，第二次世界大战最后以美国、苏联、英国、中国等反法西斯国家和世界人民战胜法西斯侵略者赢得世界和平与进步而告终。

长达六年的反法西斯战争中，从最初轴心国锋芒毕露势如破竹，到双方相持不下，再到最后轴心国气数已尽同盟国取得胜利，是世界人民团结一致，无数将士顽强反抗、英勇牺牲换来的。这期间诞生了为数不少的优秀将领，亦有无数英雄故事流传。

而战争形势转变的关键时期——1942年，在不是很引人注目的北非战场，出现了一场精彩绝伦但又饱受争议的战役——阿拉曼战役。

1942年10月23日，在埃及阿拉曼地区，由英国第八集团军司令蒙哥马利率领的盟军向德国隆美尔率领的德意联军"非洲军团"发起了进攻。当时德意联军的"非洲军团"约有8万人，540辆坦克，350架飞机；盟军集结了约23万人，1440辆坦克，1500架飞机。

经过12天的激烈厮杀，盟军终于在11月4日胜利地结束了整个战役。

德军4个精锐师、意军8个师被歼，伤亡2万人，被俘3万人，损失坦克450辆、大炮数千门。盟军也付出沉重代价，伤亡1.35万人，损失坦克500辆、大炮400门。

说它精彩绝伦，不仅因为在这场实力悬殊的战役中，有两位卓越的指挥官进行了激烈的对决，还体现出了环境、军需、后备、情报等多方面对战争产生的复杂而重要的影响。

说它饱受争议，则主要是关于战役的评价与历史意义。

一般认为，这场战役的胜利彻底扭转了北非战场的形势。盟军在阿拉曼的胜利致使德国和意大利欲占领埃及、控制苏伊士运河，占有战略资源丰富的中东的希望破灭，结束了"非洲军团"的攻势，此后轴心国于北非战场转入战略撤退运作。

阿拉曼战役与斯大林格勒保卫战等一同被公认为是改变了第二次世界大战整个战局的战役，是同盟国进入战略反攻阶段的开始。

但同时也有人质疑，蒙哥马利在占有绝对优势的情况下未能扩大战果，亦未能全歼德意联军，使得隆美尔率两万德国士兵成功撤退，蒙哥马利率部追击2000多公里仍无法结束战斗，直至1943年5月才结束北非战场。阿拉曼战役无论从双方实力对比还是从战争规模上，与目前人们所赋予的地位相比都显得名不副实。

然而，无论是因为蒙哥马利出色的军事才能、盟军充分的后勤保障，还是密码情报方面的突破性进展、同盟国对德意联军军需后援的顺利截杀，阿拉曼战役中，盟军确实取得了辉煌的胜利。同时，这场战役也是盟军打赢的第一次大型战役。

这是一场英国及其同盟国期待的胜利，提振了盟军士气，加速了法西斯的败亡。

温斯顿·丘吉尔在1942年11月10日发表了他对这场战役的著名评论："这场战役不是战争的结束，甚至不是战争结束阶段的开始，而可能是战争开始阶段的结束。"

第一章　铁骑践踏下的北非大漠

第一节　北非沙漠硝烟起 …………………………… 2
第二节　勇猛的不列颠骑士 ………………………… 7
第三节　墨索里尼求援希特勒 ……………………… 12

第二章　"沙漠之狐"大显神通

第一节　初到北非奔赴重任 ………………………… 18
第二节　违抗命令横扫昔兰尼加 …………………… 25
第三节　闪电攻击托布鲁克 ………………………… 33
第四节　重夺要塞哈尔法牙 ………………………… 39

第三章　茫茫沙海中的激战

第一节　盟军换将 …………………………………… 48
第二节　"十字军"在行动 ………………………… 53
第三节　隆美尔撤退 ………………………………… 58

第四章　目标再次锁定托布鲁克

第一节　来自元首的最大鼓励 …………………………… 66
第二节　加扎拉防线上的殊死战斗 …………………… 70
第三节　"一切为了托布鲁克" …………………………… 76

第五章　视死如归守阿拉曼防线

第一节　梅沙马特鲁战役 ………………………………… 84
第二节　阿拉曼防线阻敌前进 …………………………… 89
第三节　"非洲军团"的喘息之机 ……………………… 100

第六章　蒙哥马利临危受命

第一节　奥钦莱克的伤感报告 …………………………… 106
第二节　蒙哥马利临危受命 ……………………………… 109
第三节　"沙漠之狐"的忧虑 ……………………………… 116

第七章　盟军旗开得胜

第一节　"超级机密"大显神威 ………………………… 120
第二节　隆美尔的赌注 …………………………………… 127
第三节　阿兰哈尔法战役大捷 …………………………… 132

第八章　盟军取得压倒性优势

第一节　"魔鬼花园" ······················· 138
第二节　不打无准备之仗 ··················· 144
第三节　蒙哥马利的月亮 ··················· 152

第九章　"非洲军团"的末日

第一节　隆美尔重返战场 ··················· 160
第二节　"增压"开始 ······················· 166
第三节　无奈的撤退 ······················· 169

第十章　"沙漠之狐"败走北非

第一节　艰辛的溃逃 ······················· 178
第二节　布雷加战役 ······················· 185
第三节　告别的黎波里 ····················· 191
第四节　最后的疯狂 ······················· 195
第五节　血溅梅德宁 ······················· 202
第六节　"沙漠之狐"含泪告别 ··············· 205

尾　声 ··································· 211

· 第一章 ·

铁骑践踏下的北非大漠

　　古老贫瘠的北非，因其优越而敏感的地理位置备受历代战略家们的垂青。"二战"期间，围绕着这块不毛之地，以德意为首的轴心国和以英法美为首的同盟国的军队展开了一场旷日持久的殊死搏杀。意大利独裁者墨索里尼，这个历史上赫赫有名的投机分子，本想趁着大英帝国兵败欧洲之际，来扩张他的非洲版图，重建地中海"新罗马帝国"，然而，贪图安逸享乐、不凶狠好斗的意大利军队，总也无法帮助他们的领袖实现其雄心壮志，战场上传递给他的永远都是被俘与失败的屈辱之声。

第一节

北非沙漠硝烟起

在古老贫瘠的非洲大陆北端，有一片广袤无垠、漫天黄沙的不毛之地，它北濒地中海，西扼直布罗陀海峡，东临苏伊士运河，与欧洲大陆的三大半岛隔海相望。

在这片炙热的土地上，分布着摩洛哥、阿尔及利亚、突尼斯、利比亚、埃及等国家，由于资源丰富，海上交通便利，素为兵家力争之地。

20世纪20年代，墨索里尼在意大利掌权之后，便打起了夺取北非、重建环地中海"新罗马帝国"的如意算盘。1935年，他出兵东非一举占领了厄立特里亚、英属索马里和埃塞俄比亚。此后，他在自己的殖民地利比亚，囤积了23万重兵，准备伺机夺取东面一界之隔的英属殖民地埃及。

1939年9月，他的法西斯盟友希特勒在欧洲率先动手拿下了波兰。此后他又挥师西征，直扑荷兰、比利时和法国，进而威逼英伦三岛，使这两个老牌殖民盟主几无招架之功。墨索里尼终于按捺不住心头的欲火，迫不及待地提刀上阵，准备趁火打劫，拿下北非。

1940年6月10日，在德国打入法国后，墨索里尼对英法开战，北非遂成为第二次世界大战的又一个战场。

北非是环地中海的一部分，埃及境内的苏伊士运河连接着地中海、红海和印度洋，埃及存则英国的地中海航道存；埃及不保，地中海航道便被掐断，英国所必需的补给便只能绕道好望角，这等于被扼住了咽喉。丘吉尔视保卫埃及与保卫英国本土同等重要，断然决定向埃及增兵。其中增调至埃及的部队就有3个坦克团——皇家第2、第7坦克团和第3轻骑兵团。丘吉尔认为，非洲是英国唯 能够和敌人周旋的战场，具有较大的作战空间和防御弹性。此时英军在东非和北非一共驻扎部队有5万人，由中东英军司令韦维尔将军统一指挥，其中3.5万人集结在埃及。英国皇家陆军第7装甲师是这支队伍中唯一的装甲部队。

丘吉尔，英国前首相

6月16日，英军一支小分队秘密越过埃及和利比亚的边境，一举摧毁意军的一个边境哨所。长达两年之久的北非鏖战的序幕就此拉开。

英国皇家陆军第7装甲师在师长克雷少将的指挥下，义无反顾地走向了大战的最前沿。面对意军部署小而散的特点，克雷大胆地把部队分成多路奇袭分队，频频越境袭扰，并屡屡得手，载誉而归。该师第11轻骑队战绩尤为突出。他们神出鬼没，经常大胆迂回，深入意军防线后方，以快速灵活的机动战术设埋伏、拔据点，搅得意军寝食不安、无所适从。

6月下旬，意大利军队侵入肯尼亚、苏丹和英属索马里。意军一路高歌猛进，几乎没有遇到什么抵抗很快便占领了索马里，从而打开了通往苏丹和埃及的通道。

6月28日，墨索里尼命令他的意大利军队全面入侵埃及。然而，他的将军们总是以缺乏足够的装备为由拖延行动的时间。

8月，当墨索里尼听说德国即将入侵英国时，他迫不及待地向意大利驻利比亚总督兼北非总司令鲁道夫·格拉齐亚尼元帅下达了第三道进攻命令。有"屠夫"之称的58岁的老格拉齐亚尼元帅，是一个残酷无情且极端狂热的法西斯分子，曾因在镇压非洲原住民反叛运动中功勋卓著，受到了墨索里尼的器重，被晋升为元帅。这位老帅虽经验丰富，但他深知这次面对的是一个强大的对手，况且英军在埃及的防务正在不断增强，任何轻举妄动都将换来不容低估的后果。

为了应付领袖的再三催促，情急之下，格拉齐亚尼只好召开了一次高级军官军事会议，在他的引诱之下，与会的军官们得出了相当一致的结论：目前意军的力量还远远不足，根本无法穿越沙漠发动一场酣畅淋漓的进攻战。

墨索里尼了解此事后，对着格拉齐亚尼怒吼道："你们怎么能做出这种事来？太不像话了！堂堂一个陆军元帅，竟然与下属进行这种协商，我们罗马帝国的威严何在？"

老格拉齐亚尼元帅任凭领袖近乎歇斯底里的训斥，不敢多说一句。他深知这位独裁者的脾气，此时哪怕只是再申辩半句，自己都有解甲归田的危险。十几分钟后，墨索里尼才平静下来。

老元帅试探着问："卑职有个想法不知当讲不当讲？"

墨索里尼一边拿起酒杯一边说："说来听听。"

老元帅见领袖心有所动，忙说："德国人不是准备近期入侵英国吗？不如等他们发起进攻后，再实施我们进攻埃及的计划。到那时，英军肯定以本土作战为主，北非的英军肯定无心进行有力抵抗，我们在那个时候出兵会不会容易些？"

固执的领袖终于动了心。于是，进攻一事再次被搁置起来。

然而希特勒入侵英国的计划一推再推，迟迟不能实现，致使老格拉齐亚尼元帅进攻埃及的所谓策略很明显变成了托词。9月11日，失去耐心的墨索里尼致电老格拉齐亚尼，让他立刻来罗卡古堡的夏宫。墨索里尼见到格拉齐亚尼的第一句话就是："怎么样？我亲爱的元帅，进攻准备是否已做好？这么长时间了，想必准备得十分充分了吧？"

格拉齐亚尼稳定了一下情绪，说道："由于意军在北非接连失利，加上英国援军源源不断地从地中海运到前线，埃及防务已大大加强，这不是意军经过一朝一夕的准备便能克服的。而且，意军一点儿机械化作战的经验都没有，在这方面绝非英军的对手。领袖也清楚，意大利拥有地中海上空制空权的种种说法纯属宣传，旨在鼓舞士气。另外，所需的许多摩托化装备都被积压在南斯拉夫边界，不能使用，意军力量分散，如果现在进攻，注定要打败仗……"

格拉齐亚尼语无伦次、絮絮叨叨地讲了半天，墨索里尼居然没有打断他，只是靠在他那宽大舒适的座椅上闭目养神。格拉齐亚尼本来是准备挨骂的，这样一来，反而弄得他不知所措了。

过了好一会儿，墨索里尼眼皮微抬，喃喃自语道："看来，我应该另请高明了。"

墨索里尼的喃喃自语在格拉齐亚尼听来，犹如晴天霹雳，他可不愿意冒降级或被编入非现役的风险，于是乞求道："我亲爱的领袖，我恳请您再宽限我一个月的时间……"

墨索里尼像是没听见他的请求，果断地打断他："我今天下达最后的命令，限你在两天之内发动进攻埃及的战斗，否则，你这元帅的位置也到头了！"

就这样，在独裁者的横加干涉下，9月13日，格拉齐尼亚纠集6个师的意大利兵力对埃及发起大规模的进攻。

当天，意军的一支先遣队越过了边境进入埃及西部的沙漠，紧接着8万大军在200辆坦克的掩护下，以游行队伍的方式从边境以西3公里处的一个叫卡普佐的村庄浩浩荡荡地出发了。随着一阵嘹亮的军号声的吹响，一支穿着黑色衬衫、装备着短刀和手榴弹的法西斯突击部队趾高气扬地走在队伍的前面。后面，缓缓开动的是装运着大理石里程碑的卡车。这些大理石里程碑是意大利军队用来标示胜利进程的，也许他们自己并没有意识到，对于一支攻不能克、守不能固的队伍来讲，带着这样的东西出征是多么滑稽。

意大利的先头突击部队穿过利比亚高原边缘的陡坡，沿着狭窄的海岸平原一路悠闲自得地向前推进，好像是在进行着一次并不正规的长途拉练，用了整整4天时间，才推进了不足97公里的距离，来到西迪巴拉尼小镇。格拉齐亚尼元帅下令全部停歇下来，一边安营扎寨、加修工事，一边乞求着墨索里尼增派更多的人员和供给品。

格拉齐亚尼元帅命令意军修建的是一个由7大据点组成的呈半圆形的防御要塞，这道要塞从海岸边距离西迪巴拉尼以东24公里的马克提拉村开始，向内陆蜿蜒伸进80余公里。意大利人浮夸、散漫的天性在这一时刻暴露无遗。他们的军队不仅不擅长作战，就连建起防御工事来都拖拖拉拉、不紧不慢。

希特勒对意大利军队这种拖拖拉拉的战术深感忧虑，德国空军在英国上空所遭受的巨大耗损与重创，无法让希特勒镇定自若地看着他的盟友在北非战场上无所作为，他担心英军迟早有一天会从设在埃及的基地向意大利军队实施猛烈轰炸，这样一来，轴心国在中东地区的利益必将受到严重损害，更可怕的是，这有可能影响到德军即将入侵苏联的"巴巴罗萨"计划。

第二节

勇猛的不列颠骑士

1940年10月4日,希特勒会晤了墨索里尼,希特勒主动提出愿意提供装甲部队和飞机大炮帮助格拉齐亚尼元帅早日行动起来,但他的这番好意却遭到了傲慢自大的墨索里尼的冷漠拒绝。

墨索里尼向希特勒表示:"强大的意大利军队目前无须任何帮助,我们一定会在10月中旬前重新开始自己伟大的进攻行动。"然而,他也并没有把话说绝,他同时表示:"欢迎德国在战役的最后阶段给予意军最强有力的援助。"

10月28日,意大利军队突然入侵希腊,希特勒对此事却一无所知,为了教训一下这位狂妄的盟友,他决定暂缓给意大利军队提供任何援助。

12月7日夜,英国皇家陆军第7装甲师的坦克和装甲车如潮水般涌出防线,犹如一把利剑,直劈意军防线。意军急忙调兵遣将实施阻拦,无奈仓促应战,兵力一时难以集中,只有少数坦克在防线上急速射

希特勒和墨索里尼

击。出乎意军意料的是，英军并无拼杀之意，只令部分坦克略作抗击，其余则勇猛越障，直向西迪巴拉尼方向穿插。

12月9日早晨刚过7点，尼贝瓦据点的意大利守军正在煮咖啡、烤面包，准备吃早餐。等他们意识到这可能是最后的早餐时，英国的坦克和装甲车已进至兵营四周低矮而简陋的围墙边，围墙上惊呆了的哨兵早被英军装甲车上的布朗式轻机枪击杀。伴随着尖锐的苏格兰笛声，装甲车内的士兵迅速拥出车厢，在"玛蒂尔达"坦克的引导下汹涌地冲进了意军兵营。英军坦克里射出的炮弹击毁了20多辆停在营地外的意军M13型坦克。意大利的反坦克炮火予以还击，但炮弹无法穿透英军坦克的装甲。混乱之中，意军骑兵的战马多数受惊，匹匹引颈长鸣、四蹄乱蹬，搅起一片沙尘。

战至上午9时，意军的第一座兵营在两小时内便落入英军之手。此战，意军被俘2000余人，死伤200余人，部分人员仓皇逃散。当英军控制了尼贝瓦据点后，继续向北朝其他据点进发时，炮火刚刚轰了几下，一面面白旗就举了起来，一群群意军高举着双手从残缺的工事里缓缓地走了出来。

12月10日，面对失利的战场态势，格拉齐亚尼元帅为保存实力，无奈地放弃西迪巴拉尼仓皇西撤。可刚行至布克镇东侧，就钻进了英国皇家陆军第7装甲师早已设下的伏击圈。一场激烈的短兵相接后，又有1.4万之众的意军成了俘虏，残余人马丢弃火炮近200门，慌忙逃过边境，退守利比亚的巴迪亚要塞。

巴迪亚是一座位于104米高的悬崖上、离边境线20公里的海岸要塞。这座军营里有45000人和400门大炮，防守线的前面是一道3.7米宽的反坦克沟壑且遍地埋下了地雷。要塞指挥官安尼巴勒·贝贡佐立中将被认为是意大利军官中最优秀的一位。这位在西班牙内战中脱颖而出的将军，脸上蓄着一把火焰般的红色胡子，人送绰号"电胡子"。

1941年1月3日黎明，经过英国皇家空军一整夜的猛烈轰炸，英联邦国家澳大利亚军队在附近海上3艘战舰炮火的协同配合下，向意军把守的巴迪亚发起了进攻。澳大利亚人在一个将近13公里的战线上敲开了意大

阿奇博尔德·韦维尔，英国陆军元帅，"二战"中任中东英军司令部总司令

利人的防御工事，1月4日黄昏时分，澳大利亚军队肃清了最后一批防守者，俘虏了4万人。要塞指挥官安尼巴勒·贝贡佐立逃到靠西边113公里的海港要塞托布鲁克。然而托布鲁克也不是避难所，英国皇家陆军第7装甲师很快就包围了托布鲁克，澳大利亚军队随后赶到。驻守托布鲁克的意军经过36小时的激烈战斗后，于22日投降。

英国皇家陆军第7装甲师一个多月连克3城，俘虏意军7万余人。在英军梅塞马特鲁的战俘营内，一队接一队身着布满灰尘的绿色制服的意大利士兵人头攒动，挤满了广阔的操场。战俘营的英军长官只好下发许多帐篷、木头和带刺的铁丝，让他们自己动手建设自己的"美好家园"。

1月11日，希特勒派遣一支德国狙击队火速前往北非，就这样赫赫有名的"非洲军团"很快就组建起来了。新改编的第5轻型装甲师由约翰尼·斯特莱克担任指挥，它是由从第3装甲师中抽调出来的核心力量组成的，是"非洲军团"的第一支部队。第5轻型装甲师按计划本应在2月中旬赶到北非，但由于1月22日托布鲁克的陷落，计划不得不提前。

意大利军队在托布鲁克战败后，退守于东利比亚弓形海岸西侧的大港班加西，等待来自罗马的援助。2月3日，当他们获悉英军准备继续西进的消息后，又诚惶诚恐地向西利比亚方向撤退。韦维尔将军收到空军侦察来的情报后，决定展开千里大追杀。他命令部队兵分两路：一路沿弓形海岸从正面突向班加西；另一路直取班加西南侧，切断意军退路。

2月4日凌晨，英国皇家陆军第7装甲师师长克雷指挥着第4装甲旅和第11轻骑队一头扎进荒无人烟的戈壁，搅起的漫天黄尘，吹入了他们的眼睛、耳朵和鼻孔，士兵和战车都在浑浊的空气中喘息着。克雷和他的战友日夜兼程，不辞辛劳，如期抵达了班加西以南161公里的贝达富姆地区，并迅速构筑起防御工事，建立起主阵地。

2月6日晨，贝达富姆阻击战全面打响。意大利军队大队人马沿海岸公路向南推进，走在最前面的是100辆巡逻坦克。英国皇家陆军第7装甲师充分利用仅有的29辆坦克，以逸待劳，依托发射阵地，凭借有利地形准确地向意军猛烈的射击。意军顷刻间乱作一团，坦克纷纷被毁，升起一股股浓烟。

一阵大乱过后，意军队伍渐渐地恢复了原有的队形，以绝对优势的兵力向英军阵地猛扑。见此情景，克雷急令第3、第7轻骑队派出轻型坦克实施阵前出击，从侧翼以准确的火力支援正面战斗，打乱敌军部署。意军受到两面夹攻，阵脚再次大乱。夜幕降临时，意军已有半数坦克横七竖八地弃在阵地前沿，有的像个大甲虫四脚朝天地静静躺着，有的则伴随着油箱的爆炸声升腾起缕缕火焰。

6日夜，急于突围的意军发起了多次凶猛的反扑。战场上爆炸声连续不断，炮弹拖着长长的尾巴来回穿梭，密如织网。一时间，两军打得难分难解。

2月7日黎明，枪声炮声渐渐稀落，偶尔一两声冷枪再也激不起双方疲惫的斗志。一位跛着脚的意军士兵，从一辆坦克残骸的右侧爬了起来，抖了抖身上的沙尘，高举双手大喊大叫。他的举动像瘟疫一样迅速传开，意军纷纷缴械投降。当天英军顺利地攻占了贝达富姆，并于9日进抵通往利比亚的咽喉——阿盖拉，打开了进攻的黎波里的大门。

从1940年12月到1941年2月，在这场历时3个多月的反攻战役中，英军以4万兵力击溃了意军第10集团军，俘虏意大利士兵13万人，击毁和缴获坦克400余辆、火炮1200多门，而英国和英联邦国家军队损失的人加在一起还不到2000人。同时，英军还向西跃进了1300公里，夺取了整个东利比亚——昔兰尼加，将意军远远地赶到了利比亚西部，赢得了对轴心国战争的第一个空前胜利。在这场战役中，英国皇家陆军第7装甲师以顽强的斗志和辉煌的战绩，受到了世界的瞩目。

第三节

墨索里尼求援希特勒

意大利驻北非的军队被英军打得落花流水,溃不成军,虽然同英军的勇猛顽强、指挥得力、擅长沙漠作战等特点有紧密关系,但是意大利军队自身存在的问题和缺陷才是其惨败的致命原因。意大利军队虽然人数众多,但由于装备陈旧落后、缺少系统训练以及兵力结构不合理等因素的影响,致使它的军事素质和作战能力很弱。

意军的 M13 型主战坦克是仿照英国卡登·劳埃德的 MARK-VI 型坦克制成的,机体太轻,引擎的马力明显不足,且因聚热过快,根本无法抵挡敌军炮火的攻击,就连他们自己的士兵都戏称之为"缓慢移动的棺材"。虽然意军还有 1939 年投产的 M11/39 型中型坦克,但也仅安装了机枪和 37 毫米口径的火炮,攻击能力只处于 20 世纪 30 年代初期的水平,与英军的坦克力量相比,差距甚远。另外,意大利军队还缺乏设计新颖、性能优良的反坦克枪炮和反战机火炮。其主要用于作战的野战炮还是第一次世界大战遗留下来的旧设计,是对在凡尔登战役中声名大噪的法国 75 毫米口径的加农炮的仿造品。意军的作战飞机早已过时,根本无法适应现代战争的需要。此时,北非意大利军队的各种机动车总共加起来才只有 2000 辆,还比不上德国军队一个机械化师所拥有的数量,这使得它根本不可能组织起有效的快速作战行动。

除了这些客观缺陷之外,意大利军队糟糕透顶的指挥系统也是其无法形成战斗力的重要原因。格拉齐亚尼元帅及其手下的主要军官都因缺乏足够的战斗热情而疏忽了对部队的指挥和检查。他们驻守的几个据点相互之间支持不够，防御设施的深度也明显不足。在修筑西迪巴拉尼周围的防御工事时，意大利人在两个主要据点之间居然留下了一处宽24公里的无人防守甚至无人巡逻的地带，后来正是这个地方成了英联邦军队的突破口。

对于意大利军队的失败，墨索里尼从未对自己的指挥产生过怀疑，而是毫不留情地指责格拉齐亚尼元帅："6个将军被俘，1个将军战死，你的战果真是辉煌啊！"痛恨之余，为了遮丑，墨索里尼撤销了他的职务。情急之下，他已经没有别的选择了，只好暂时低下自己那高贵的头颅，冒着被耻笑的危险去求助他那位纵横欧洲大陆的德国盟友——希特勒。墨索里尼心里比谁都清楚，这样一来，意大利在北非的指挥权就要全部转交给德国人了，可这也是没有办法的办法。

墨索里尼扭扭捏捏地和希特勒见了面，准备忍受一番希特勒那近乎神经质的嘲笑和奚落，尽管希特勒打心眼里瞧不起意大利军队这群猪一样的队友。希特勒也并不想在北非浪费军队，他甚至可以忍受丢失整个北非，但转念一想北非确实具有重要的军事战略地位，另一方面非洲战场也能在一定程度上牵制英国的兵力。因此，当墨索里尼不好意思地请求德军增援时，希特勒慷慨激昂地表示，北非对意大利，对整个轴心国都至关重要，他无论如何也不会让意大利失去北非，所以他决定出兵利比亚援助意军，但他计划在北非不采取攻势，而是巩固防御。

其实早在1940年12月，英国重新夺取埃及的时候，意大利的最高指挥部就曾请求过德军的紧急援助。希特勒当时就答应派出100架轰炸机和20架护航战斗机前往西西里岛和意大利南部，用以保护意大利船只和攻击英国开往埃及的护航舰队。

希特勒失望地看着北非的意大利军队一个劲儿地朝的黎波里撤退，决定派人先去利比亚了解一下前线的情况，然后再有的放矢地展开德军的北非行动。他派去的这个人就是一直担任第5轻型装甲师指挥的普鲁士贵族汉斯·冯·冯克少将，这位贵族少将也是被希特勒寄予厚望的担任"非洲军团"总指挥的首要人选。

"元首，第5轻型装甲师师长冯克少将求见。"秘书的话音未落，冯克少将顾不上保持他那贵族派头，脚步慌乱地闯进希特勒办公室。

希特勒不满地皱皱眉头："什么事？"

冯克向希特勒报告了他奉德军总参谋部的委派，去利比亚进行实地调查的情况。冯克将军显然是被沙漠英军势如破竹的攻势吓坏了，前言不搭后语地大谈意军的溃败。最后他说道："我的元首，无论如何必须挑选一支狙击部队帮助意大利人防守的黎波里。我认为，原计划派出的部队太少了，无法挽救利比亚的局势。您知道，意大利人实际上完全垮了，英军一旦对的黎波里发起进攻，等于是进入无人之境。"

希特勒听了冯克的汇报，内心震动也很大，但他故作镇静："意大利人尽干蠢事，一方面发出惊慌失措的喊叫，把自己军队和装备上的弱点完全暴露给敌人；另一方面又过于妒忌和幼稚，认为一旦投入德国士兵就有损于他们这一行动的光彩。如果德军能穿着意大利军服作战，那墨索里尼是最喜欢不过的了。"

希特勒说完，疲倦地挥挥手示意冯克可以离开了。

此刻，希特勒的第一个反应是，必须派出一支更大规模的德国部队前往非洲。希特勒认为，一旦英国人控制了利比亚，那等于是让他们把枪口对准了意大利的胸膛，英国人很可能会迫使墨索里尼谈和，这样的结果是德意志所不希望看到的。与此同时，英国军队也可能会转移到叙利亚，威胁即将开始的"巴巴罗萨"行动，这无疑将严重损害德意志第三帝国的长远利益。

想到此，希特勒伸手拿起话筒，"传我的命令，让总参谋部在原定的狙击部队第5轻型装甲师动身后，立即再派一个完整的装甲师前往北非，全力阻止英国人的挺进。"于是，"非洲军团"很快就组建起来了。

这样，"非洲军团"规模比当初扩大了一倍。放下电话，希特勒转过身来，望着窗外冯克少将已经远去的背影，寻思道：看来这位将军要撤换了！他对北非的局势过分悲观，显然是意大利军队的崩溃严重地影响了他的情绪。未来的北非战场必将是艰难而残酷的，这样意志薄弱的人无论如何也不能担此大任。看来是需要另找一位有名望的将军来指挥第5轻型装甲师了。

希特勒首先想到的是埃里希·冯·曼施坦因中将，这位成功策划了入侵法国的军事天才，有勇有谋，完全可以胜任"非洲军团"总司令的职位。然而，希特勒认为欧洲战场才是主要战场，即将发起的"巴巴罗萨"行动更需要曼施坦因这样的将军，作为元首，他要让他的将军发挥出最大的价值，看来这个人选也不妥。

最终，希特勒考虑再三后决定派爱将隆美尔先带领两个德国装甲师前往利比亚援助意军。

希特勒许诺将拨给他的两个装甲师中，第5轻型装甲师将于2月中旬开始陆续运往北非，计划4月中旬运完，包括配备有80辆中型坦克（"潘萨Ⅲ"型和"潘萨Ⅳ"型）和70辆轻型坦克的第5装甲团，而另一支第15装甲师，要等到5月。

临行前，希特勒对隆美尔说："你到了非洲之后，在那里的最高军事长官名义上是意大利的加里波第上将，但对你有直接指挥权的是最高统帅部。"

隆美尔欣然前往，属于隆美尔的时代来临。

·第二章·

"沙漠之狐"大显神通

希特勒一直以厌恶和不安的心情关注着他的盟友在北非的一举一动,在他看来,非洲这种只有沙子的破地方,食之无味弃之不可惜,不要也罢。但问题是,意大利若失去北非战略要地,会使盟军对德国的未来造成不利影响,面对眼前的不利形势,他最终决定派出自己最信任的将军隆美尔去收拾残局。隆美尔的到来使北非的形势以不可思议的速度在逆转。在他来到北非沙漠后的第15周,德国人就重新夺回哈尔法牙关,高傲地站在了通往埃及心脏地带的门户上。

第一节

初到北非奔赴重任

1941年2月11日,即隆美尔抵达非洲的前一天,英国最高司令部已经决定撤走在北非的军队,以组织一支远征队赶赴希腊增援。对轴心国和同盟国双方来说,希腊目前的形势都显得异常复杂且充满危险。意大利军队的入侵像他们在埃及一样,愚蠢而笨拙,根本没有获得任何成功;希腊军队尽管装备很差,人员很少,但凭借勇猛和顽强的战斗精神,反而使罗马军团连遭失败。

英国首相温斯顿·丘吉尔本人也怀疑,无论是在利比亚还是在希腊,希特勒都会被迫赶去援救他的轴心国同盟。丘吉尔本人也打算履行他早就对希腊人许下的诺言,即希腊在遭到德国攻击时,英国必须援助。

1941年2月12日,一架油光闪亮的德国"容克"式轰炸机从地中海的那边飞了过来,盘旋一圈后降落在利比亚首都的黎波里以南24公里处的贝尼托堡机场。舱门开启,一位相貌英俊的矮个子德国军官走出机舱,他就是隆美尔——希特勒钦点的"非洲军团"总指挥。

隆美尔抵达利比亚时,驻利比亚的意大利军队只剩下5个装备简陋的师和60辆落后的轻型坦克。一下飞机,他便感到形势不容乐观。意军正在向的黎波里全速撤退,军官们忙着收拾行装,以便抢在英军抵达之前逃上船回国。参谋长加里波第将军已接替了总司令一职。当隆美尔谈及必须在东边的苏尔特地区建立前沿防线时,加里波第傲慢地耸耸肩,反驳说隆美尔应该亲自到那里去看一看。隆美尔碰了个钉子。他决心迅速摸清情况。

知识拓展

◎隆美尔

隆美尔，全名埃尔温·约翰尼斯·尤根·隆美尔，1891年11月15日生于德国南部的海登海姆。和许多其他德国将领不同的是，隆美尔并非出身于军人世家。他的父亲是位小学校长。幼年时的隆美尔并不是特别聪明，十几岁后才慢慢开窍。1910年7月，他进入符腾堡第四十三步兵团担任下士入伍生。次年3月，进入但泽军官学校。1912年春天毕业后，隆美尔回到原来的部队任少尉排长。

"一战"时，隆美尔随部队开赴法国，后又在东线与罗马尼亚人和意大利人作战，先后获得德皇威廉二世授予的二级铁十字勋章、一级铁十字勋章、功勋勋章。"一战"结束后，担任过步兵营长和陆军学院教官。1936年9月，任希特勒警卫部队指挥官。

隆美尔

1937年，他将自己在军官学校时的讲义整理出版，书名为《步兵攻击》。这本书一经问世就引起了德国军事专家的关注和推崇，随后几年该书一再重印，并引起了希特勒的注意。1938年，隆美尔升任元首大本营司令官，并获少将军衔。1940年2月任第7装甲师师长，为该师赢得了"魔鬼之师"的称号。从此隆美尔进入了自己的黄金时代。同时，隆美尔也是一个护妻狂魔，他对妻子露西的爱意可以说当时少见，在战场上，他坚持每天给自己的妻子写一封信。

1941年1月，隆美尔担任德国"非洲军团"中将军长。他到达北非后不到两个月就扭转了北非战局。隆美尔被晋升为上将。非洲战场的出色战绩，为隆美尔赢得了"沙漠之狐"的美誉。1942年6月，隆美尔被擢升为德国陆军元帅。1943年2月，

沙漠烽烟·shamofengyan·
阿拉曼争夺战·alamanzhengduozhan·

德国组建非洲集团军群，下辖德国第五装甲集团军和德国—意大利第1装甲集团军，隆美尔任总司令。1943年3月31日，希特勒将隆美尔召回最高统帅部，授予他橡树叶钻石勋章，命他免职疗养。1943年8月，希特勒再次起用隆美尔，任他为驻意大利北部B集团军群司令。12月，B集团军群司令部移驻法国，隆美尔受命负责构筑沿海要塞工事，即"大西洋壁垒"。

1944年7月17日，隆美尔乘车视察前线返回途中遭遇美军飞机袭击，被摔出车外而负重伤。7月20日，施陶芬贝格暗杀希特勒的行动失败后，隆美尔被指控为谋杀希特勒的同犯。10月14日，希特勒派人送毒药给隆美尔，并指示：如果服毒自尽，将对其叛逆罪严加保密，并为他举行国葬，其亲属可领取陆军元帅的全部抚恤金；否则，将受到法庭审判。隆美尔选择了前者。希特勒下令为隆美尔举行国葬，隆美尔的老上级、陆军元老伦德施泰特元帅致悼词，希特勒亲自为其送葬。

在"二战"众多名将中，能做到生前显赫、死后殊荣不断，特别是被敌对双方都认可的，唯隆美尔一人。后人对隆美尔的评价趋于两极化：支持的人将其称为纳粹德国的战神，其高超的军事素质和出色的战术才能受到了许多军事爱好者的推崇，甚至是著名军事家的尊敬和崇拜；反对的人根据其战略错误称之为"战术上的巨人，战略上的矮子"，又鉴于其曾经是希特勒的爱将、最得力的侵略工具，称其"二战纵火犯"。

当天下午，隆美尔又登上飞机，开始勘察战场。飞机在非洲的烈日下盘旋，隆美尔粗略地察看了的黎波里周围的部署，发现港口东边有一条沙漠地带。这似乎是一道天险，或许能作为理想的阻截敌军的天然屏障。几天前，隆美尔曾询问过自己的翻译——"沙漠通"贝兰德中尉，得知只要掌握轻踩油门这一诀窍，装甲车辆完全可以开进沙漠中作战。

隆美尔继续向东飞行，对的黎波里以东的沙漠进行空中侦察。太阳照在沙漠上，闪烁着炽热的白光。他察看了从的黎波里沿地中海一直延伸到埃及边境的巴尔比亚海滨公路，并仔细俯瞰了苏尔特地区的意军防御阵地。在苏尔特地区，除一片向南延伸几公里的盐碱滩外，别无任何缺口。赴任前，他就下定决心：尽快接管前线指挥权，待自己的部队到达后，就组织战斗。现在，他坚定了信心。只要坚守住苏尔特及巴尔比亚海滨公路，这个决心是可行的。但他不知道能从意军那里得到怎样的合作。

1941年2月，抵达意属殖民地利比亚的黎波里的隆美尔，正和几位意军打招呼，他左边的陪行者是意大利北非派遣军司令伊塔洛·加里波第上将

回到机场，他发现加里波第已经等候他多时了。隆美尔将勘察情况向他做了简要介绍，随即向国内拍了一封电报：

> 与加里波第第一次会谈圆满结束，我的建议已经付诸行动。最重要的战斗部队将放在苏尔特，本人曾亲自乘机至该地区勘察。

当晚，隆美尔出席了意大利将军们为他举办的接风晚宴。

第二天，意军2个师奉命开赴苏尔特地区建立新的防线。但意军总司令部令隆美尔伤透了脑筋，整个防线长400公里，而他们严重缺乏运输车辆，部队调动迟缓。隆美尔对意军的破旧装备不屑一顾，他十分怀疑意军的战斗力。很明显，意军不可能迅速占领阵地组织防御，除了苏尔特地区的少数意军外，看来主要得靠空军了。他更盼着元首允诺的两个德国装甲师尽快到来。

2月14日，情人节，一艘运兵船在的黎波里港口处越过一艘毁坏的救护艇。隆美尔的先头部队，德国第5轻型装甲师的先头部队——一个侦察营和一个反坦克营抵达了的黎波里，并将于次日早晨开往苏尔特。士兵们整齐地排列在甲板上，心情激动地看着这片对他们来说异常神秘的非洲大陆。望着那些熠熠闪光的白色建筑、巨掌状的热带植物、宽阔的林荫道和凉爽的树荫，一切都令这些乍到非洲的德军士兵感到新奇。武器装备一夜之间就卸载完毕，打破了这个港口装卸量的纪录。

第二天，隆美尔在的黎波里市中心广场上举行了盛大的阅兵式。军乐队高奏德、意国歌，身着新式热带军服、头戴钢盔的德国士兵顶着灼热的烈日雄赳赳地走过阅兵台，周围挤满了好奇的观众。隆美尔已顾不上身边的意大利将军加里波第了，他不停地向部属们致敬。隆美尔发表了热情洋溢的演讲。随后，这支部队井然有序地转动着履带向东奔赴茫茫的沙漠。这是一支勇敢善战的专业化的精锐部队，等待他们的将是一场又一场残酷的战斗。隆美尔将用自己的独特方式去指挥他们。

随即隆美尔向希特勒汇报北非的情况。他在报告中写道：

如果英国人不考虑伤亡，立即向的黎波里推进，我们的整个局势将十分严重……

希特勒看到电报后，同意了隆美尔的一切请求，决定迅速把第5轻型装甲师主力和第15装甲师在几周内运往利比亚。

2月16日，德军正式组建"德国非洲军"，任命隆美尔为军长。他满怀信心要力挽狂澜。但部队集结十分缓慢，局势越来越紧张。英军已得知隆美尔到达北非，加快了推进速度。而随着大批德军和意军开往前线，后勤补给问题却越来越困扰隆美尔。

17日，隆美尔获悉，英军调动频繁，他担心英军向的黎波里发起进攻。18日，隆美尔侦察发现，大量英军在祖埃提纳和阿格达比亚之间活动，他的心情更加紧张。为了破坏英军的进攻和显示实力，隆美尔派侦察营和反坦克营在意军一个营的配合下，向诺菲利亚方向出击，设法主动寻歼英军有生力量。

2月24日在诺菲利亚以东121公里处，德军第3侦察分队的装甲车队和摩托车队与英国的装甲车队和反坦克炮队发生遭遇战,"非洲军团"在隆美尔的指挥下取得了第一次胜利,击毁了英军的3辆装甲车,抓获了3名英军,自身无一伤亡,这次小规模的交火行动向北非的英军传达了一个信息:德国人来了,他们和一触即溃的意大利人完全是两码事。

尽管隆美尔认为这是一个"好的征兆",不过他还是很惊奇英军很少出来活动。他刚来到利比亚时,就期待能在的黎波里会一会那些据说很会打仗的英军,但此时此刻他看不出英军有任何迹象要从他们在昔兰尼加的新基地继续推进。

2月25日,德军第5轻型装甲师最精锐的第8机枪营到达北非,这支被隆美尔认为最要紧的部队的到达,让隆美尔总算放下心来。隆美尔命令坦克部队在向东驶上战场之前,先绕议会大厦转上几圈,以虚张声势。同时,为欺骗敌人的空中侦察,隆美尔还暗使了另外一条诡计。他下令用木头和纸板做了几百辆以假乱真的假坦克,然后装在"大众"轿车上面开着转来绕去,而真坦克却避开敌人的侦察安全驶抵前线。他的骗术奏效了,英军误以为德军已集结起大批坦克。

当然,统率部队仅仅依靠冒险和欺诈是远远不够的,隆美尔还非常懂得抓住士兵的心。他曾宣称:"最重要的是,一名指挥官必须与他的部下尽量建立起一种个人的、同志般的关系。通过这样的心理控制技巧,部队的作战能力可以大大地提高。"

为了达到这样的目的,"沙漠之狐"隆美尔经常深入部队基层,与他们一同吃饭,同甘苦、共患难。一名参谋部军官记录道:"将军觉得非常有必要见一见那些直接面对敌人作战的士兵,他愿意跟他们说话,经常爬到他们的掩体中跟他们聊上一会儿。"这样做的结果使"非洲军团"的士兵们与他们的司令之间建立起了一种精神上的纽带关系。隆美尔的作战行动官梅伦廷少校对自己的长官如此评价:"他知道如何让部队感觉到某种不朽。"

1941年3月初,远在战线后方的托布鲁克一片繁忙,港口停满了军舰,大批英军在此集结。敌人究竟是从海上增援部队,还是在把部队调出北非呢，隆美尔迷惑不解。实际上，英国正在从北非撤走最精锐的部队，准备投入对希腊的远征行动。在即将赢得战役胜利前夕，英军突然撤军实在过于荒谬。当英军从德国空军电台窃听到，希特勒已经向北非派出了一支装甲远征部队时，一切都已为时晚矣。

隆美尔并不知道英国在撤军。从支离破碎的情报中，他根本无法发现战场上的变化。他命令第5轻型装甲师师长斯特莱克率先头部队从苏尔特出发，沿海岸线东进。

3月4日，斯特莱克率军占领了比尔梅杜纳要塞，他甚至连敌人踪影也没见着。要塞外是一片车辆无法通行的沼泽地，一直延伸到内陆地带，构成了一道天然屏障。隆美尔彻底放心了。

面对轻而易举的快速推进，隆美尔飘飘然起来，他做起了伟大征服者的美梦。3月5日，隆美尔在的黎波里举办庆祝会，放映了《西线的胜利》，他自豪地宣布：总有一天，观众们定会看到《非洲大捷》一片。隆美尔还夸下海口："我们将向尼罗河进军！一旦局势出现合适的转机，就把这一地区重新夺回来！"

诚然，在兵力上与英军相比，隆美尔显得单薄。"非洲军团"只有1个坦克团、2个机枪营、2个侦察营、3个炮兵连和1个高射炮营——还不及他在法国指挥的兵力。但隆美尔的野心并不小。

3月9日，隆美尔写信向柏林提出了雄心勃勃的征服计划。他计划5月初开始沿海岸一直向东进军，"我的第一个目标将是夺回昔兰尼加，第二个目标是埃及北部和苏伊士运河"。但他轻率地忽视了最致命的给养问题。

第二节

违抗命令横扫昔兰尼加

3月19日，隆美尔飞往柏林，他希望为即将进行的大规模进攻赢得上司们的支持和鼓励。希特勒利用这次机会给他授予了铁十字勋章，以表彰他在法国的功绩。但是，人人都在忙着准备即将到来的入侵希腊和苏联的行动，根本无暇考虑派更多的部队去支援基本上被视为"穿插表演"的北非战场。

希特勒严令隆美尔的部队必须停下来，英军要撤退就让他们撤好了，德军正好乘这个时间构筑防御工事，积蓄力量，等到一个多月后，第15装甲师就会如期到来，那时再朝英军方向推进也不迟。如果成功的话，他可以长驱直入，一直打到昔兰尼加西部的阿格达比亚，但是，无论在什么情况下，他都不能把"非洲军团"推进至班加西以北地区。

3月21日，隆美尔失望地飞回北非，从来都是自作主张的他决定违背这项命令行事。他下令对英国在塞尔特以东282公里的阿盖拉的先头部队立即采取进攻。

24日，斯特莱克指挥部队几乎未经战斗就攻克了阿盖拉。英军撤退到50公里外的布雷加港，驻守在一个靠近海岸、被沙山隔开的阿拉伯村庄里。英国军队如此快地放弃了阿盖拉，使隆美尔感到奇怪："敌军怎么不像想象中的那么强大、可怕呢？"德国空军的侦察、无线电通信的窃听、隆美尔自己对战场的敏锐感觉等种种迹象都暗示出英军的软弱。

事实上，英军的力量比隆美尔想象的还要脆弱。在派往希腊的经过重

沙漠烽烟·阿拉曼争夺战

新改编的部队中，有两个在北非击溃意大利军队的战役中表现出色的师已经被经验欠缺、实力不足的另一支部队取代了。

此时，英国在北非的总司令韦维尔将军认为隆美尔仅仅是在进行攻击性的巡逻战，而不是真正意义的进攻战。韦维尔之所以产生这样的想法是因为他窃听了北非与柏林之间通过无线电进行的高级绝密谈话，这使他很清楚地知道，柏林不允许隆美尔在5月下旬之前采取进攻战。然而，让韦维尔没有想到的是，他虽然获得了准确的情报，却不了解隆美尔这个人。

3月30日，即占领阿盖拉一周后，"非洲军团"又攻击了英军在梅塞布列加的新据点。

隆美尔担心如果他在阿盖拉坐等第15装甲师的到来，英军就可以利用这段时间在一个隘口处构筑工事，从而使梅塞布列加成为一个坚固的堡垒。沿着滨海大道前进的第5装甲团是德军的突击主力。英军在隘口处进行了顽强抵抗，到傍晚时分战斗陷入僵持状态。但在下午晚些时候，隆美尔下令用斯图卡轰炸机俯冲轰炸英军炮队，然后他又派出第8机枪营配合攻击。同时，第2机枪营穿过大道北边高低起伏的沙丘，从侧翼对英军展开攻势，将英军从隘口击退。当"非洲军团"的士兵喊着"Heia Safari！"（班图语"冲啊！"）的口号向梅塞布列加发起冲锋的时候，英军匆忙弃阵逃跑。

当天晚上，英国人放弃了梅塞布列加，这座弹痕累累、到处都是白色房子的小镇回响着"非洲军团"的嘹亮口号声。

英军对隆美尔的进攻毫无准备，加上原本兵力被抽调就使得防守捉襟见肘，英军缺乏斗志和信心也是很自然的事。

第二天上午，隆美尔从德国空军提供的消息中得知英军仍在向北撤退，而不是为展开下一次抵抗而修筑防御阵地。昔兰尼加看上去似乎已门户大开。对隆美尔来说，尽管有5月底之前不能发动大规模攻势的指示，但"这是一次我无法不受诱惑的机会"。

于是，他命令第5轻型装甲师继续推进。

4月2日，德军在斯特莱克将军率领下追赶了80公里，一直追到海岸

1941年，利比亚托布鲁克与西迪·奥马尔之间的某地，隆美尔与德军第15装甲师在一起

公路的下一个城镇阿格达比亚。当天下午3点半，"非洲军团"第5装甲团的几支队伍在公路以南进行了一次小规模的战斗，当时他们碰巧撞上一群巧妙隐藏在贝都因人帐篷里的英国巡逻坦克。德军马上从惊奇中反应过来，在威力强劲的口径88毫米大炮的支持下，他们击毁了7辆英军坦克，而自己仅损失了3辆。英国军队受不了这样的打击，因为它的第2装甲师现在剩下的坦克还不到50辆。半个小时后，阿格达比亚被攻了下来。

这时的隆美尔对自己的计划充满信心。现在刚到4月，他已经取得最高统帅部定在6月初的目标。特别值得一提的是，他只是刚刚开始追击，还没有尽全力地打上一场漂亮仗。接下来，隆美尔决定一直紧追撤退的敌军，争取一鼓作气拿下整个昔兰尼加。

4月3日，当隆美尔准备向利比亚进发时，他那位名义上的意大利上司加里波第也赶到了阿格达比亚。加里波第很气愤，他咆哮道："马上停止进攻，罗马和柏林都没有授权这次行动。"

就在加里波第和隆美尔生气地争论时，一名传令兵递给隆美尔一份电文。隆美尔大致看了看，便咧开嘴笑了。电文是德国最高统帅部发过来的。隆美尔以胜利者的口吻宣布："柏林给我完全的行动自由。"其实，最高统帅部的命令刚好相反，电文里对他提出了严厉的批评，并坚持要"非洲军团"停止前进。但是，隆美尔的虚张声势完全起到了作用，不明就里的加里波第让步了。

这时，英军已经放弃了昔兰尼加首府班加西。一位过路的意大利牧师碰巧向隆美尔透露了消息，他立即派一个侦察营沿海岸公路直接开进。

4月3日晚上10点钟，他们在欢呼的人群中驾车进入了班加西，英军溃退800公里。大批撤退的士兵狼狈不堪地挤进当年土耳其人在梅智利修筑的一处要塞。英国人后来称这次大溃退为"托布鲁克大赛马"，是英军历史上最不光彩的一页。这是班加西三个月内第二次易主。英军在退却时进行了大破坏，炸毁了原先缴获的4000吨意军弹药和军需物资，大火四处蔓延。

昔兰尼加是一个不毛之地，贫瘠的荒野中，崎岖的小路上满是碎石和小坑，机械的力量在这种土路上几乎毫无作为。初春，北非沙漠气候变化异常急剧。中午，太阳直射使干燥的空气升至49摄氏度，炙人的热浪烤得人喘不过气来；入夜后，气温又会在一小时内迅速降到零度。毒蛇、蝎子和令人讨厌的苍蝇大军也不时出没。

最危险的敌人还是突然刮起来的沙漠风暴。刚开始，风暴只是一小股贴地旋转的怪风，顷刻间，就会变成时速近百公里的狂飙，铺天盖地般卷过沙漠，搅起几百万吨滚烫的细红沙。这种风暴会一连持续几天，吞噬掉一切。风暴过后，部队全都得像鼹鼠一般从自己的洞里爬出来，然后把一切东西再重新挖出来。细沙粒能钻进一切缝隙之中，堵塞死坦克的滤油器和人的眼睛与鼻孔。

4月4日，斯特莱克接到命令后开始向东运动，直接穿过半岛进抵海滨，封锁了海岸道路，以阻止英军撤退。下午14点，波纳特的第8机枪营也向东插进了荒凉的沙漠，准备带着1辆满载汽油、粮食和水的卡车开进480公里，去占领德尔纳。第5轻型装甲师的卡车尚未返回，隆美尔只好去找斯特莱克,他正在自己的指挥车里打瞌睡。

隆美尔叫醒斯特莱克:"你去把你剩余的油桶全部腾空,把油装进战斗车辆和坦克里,然后立即跨过本加尼亚向德尔纳和托布鲁克之间的海滨前进,你师里的其余部队在卡车从燃料储存地返回后就能赶上。"闻听此言,一位意大利将军赶忙焦急地打断了隆美尔的话:"可那条道是一条死路啊!两个月前我们撤退的时候,曾在那里布下了'热水瓶'式地雷。"可隆美尔却充耳不闻。

黄昏时分,坦克一辆接一辆驶离了坚固的海滨公路。老坦克手都被抽去运油了,坦克里尽是些生手,他们只习惯在欧洲柏油路上驾驶,在沙砾中跋涉简直是活遭罪。没多久,几辆车就陷进了沙里,紧跟其后的卡车企图从旁边绕过去,但也同样陷了进去。拖车只好在前边摸黑将它们一辆辆拖出来。

几个小时后,部队便在荒芜的沙漠中散成一片。斯特莱克感到情况不妙,于是命令所有车辆打开前灯。沙漠道路已经消失了,意军提供的地图毫无用处。半夜,英军飞机袭击了这支灯光通明的车队。德军虽然损失不重,但他们再也不敢开灯了。队伍越走越乱,少数部队突出前进,而大部队却滞留在后。干渴和饥饿席卷而来。意军撤退时埋下的地雷也发怒了,爆炸声不时突然响起,火光映亮了整个天空。到天亮时,大部分车辆因为汽油全都耗尽而趴了窝。

沙漠中的酷热带来了新的问题。发动机里的机油因温度过高而变得稀薄,无法使用;无线电通信联络也全部失灵,隆美尔与各指挥所失去了联系。持续不断的混乱开始了。为了掌握部队行踪,隆美尔不时坐着侦察机在沙漠上空巡视,并经常降到部队中间,指责指挥官们行动太慢,诅咒他们没能阻挡住向东逃窜的敌人。有两次,在忙乱中,他把一支正在撤退的英军车队误认为是自己的部队而差点撞进了敌阵。他的行为激起了手下指挥官们的不满。

梅基利是一个古老的土耳其式要塞。它是一座建在碎石堆上的"海市蜃楼",地处沙漠入口,扼守着连接海岸和遥远内地的7条沙漠小道。隆美尔认为梅基利的防御一定十分薄弱。但空中侦察表明，梅基利要塞十分坚固，同时还有大批的车辆正在从东驶来。但隆美尔坚持无论如何首先必须集中兵力攻占梅基利。这一决定遭到了手下指挥官们的反对，他们表示："我们宁愿把托布鲁克看作我们的目标，切断那里的海岸道路，阻止敌军逃跑，而只在梅基利留下一支伪装部队。"

隆美尔也踌躇起来。

4月6日清晨，隆美尔本人离要塞只有25公里了，但他身边只有几个人。尽管他做了最大的努力，情况还是很糟糕，他的大批部队还散落在沙漠之中，没有燃料，饱受沙尘暴之苦，不知道确切位置。一些部队，尤其是拥有最多坦克的第5装甲团，根本联系不上，好像从人间蒸发了。

气急败坏的隆美尔命令第5轻型装甲师师长斯特莱克将军："你今天下午3点必须要发起进攻！"

斯特莱克有些顾虑地说："将军阁下，恐怕不行，因为我的部队大部分还没有赶到。"

此刻的隆美尔整整齐齐地穿着羊毛长裤和灰色紧身上衣，正站在那儿汗流浃背，而他看见斯特莱克竟然穿着凉爽而舒服的卡其布短裤，忍不住大声咆哮："你简直是个懦夫。"

斯特莱克受不了这种侮辱，他气得一把抓住隆美尔的衣领，愤愤不平地拿出自己去年在法国因为勇猛而获得的铁十字勋章，大声喊道："你赶快把你的话收回去，否则我就把它扯下来扔在你的脚下。"

隆美尔见事态不妙，假惺惺地向斯特莱克道了个歉，心里却暗暗发誓要尽早除掉这个不听话的家伙。

当天夜里，隆美尔率领几个排企图亲自攻占要塞，但行动失败了。守军并不像他想象的那样已经丧失了斗志，他们还在坚守着要塞。

4月7日，隆美尔两次派一名德军带着最后通牒前往要塞劝降，但都被黑布蒙眼送了回来，英国守军表示"决不投降"。隆美尔的如意算盘打错了：英军拒绝放弃抵抗，而预定担任攻击主力的赫伯特·奥尔布里奇上校的第5装甲团连影子也见不到。

第二天天亮前，隆美尔疲倦地从床上爬了起来。6点钟，他便坐上斯托奇飞机出发了，他想迅速查清前方的情况和战斗部署，以便亲自督战。他命令飞行员降低飞行高度。当飞机降到约50米时，正在匆匆开进的意军误以为敌机临空，慌忙集中所有武器对空射击，子弹打在了机翼上，飞行员好不容易才得以逃脱。

就在这时，隆美尔发现西边远处尘土飞扬，抵近才看清是一支英军部队在向西开拨，但他分不清他们是掉队的士兵，还是英军在组织反攻。又飞行了12公里后，隆美尔看到了自己的先头部队，他立即命令飞机在队伍中降落，但飞行员没看清前方有一块大岩石，飞机的半个尾翼被撞得粉碎。

这是一支迷失方向的先头部队。隆美尔问道："你们的运输工具是什么？"

"一辆卡车。"

"那我们必须赶快撤离，五分钟后英军将到达这里，他们虽不一定会发现我们，但我们得在沙漠上迂回，我熟悉道路。"

他们把所有东西都卸下车后开始逃命。途中，隆美尔又碰到几辆迷路的卡车，最终历尽危险才安全回到了指挥所。

随后，隆美尔决定立即转移指挥所，但还没走出1000米，一场沙漠风暴便突然来临了。猛烈的沙漠风暴吞没了一切，隆美尔和手下被吹散了，仅剩下孤零零几个人，靠着指南针探路。天空时而发亮，时而黑红黑红。在沙漠风暴中，隆美尔发现了3名通信兵，他们会合在一起，摸索着赶往机场，掉队士兵更多了，但谁也不知道进攻情况如何。

最后，他们终于摸索着到达了梅基利要塞的外围。风暴仍在怒吼着，沙尘遮盖了一切。要塞的院子里堆满了武器装备，几百名俘虏蹲在地上瑟瑟发抖。斯特莱克激动地向隆美尔报告："梅基利已攻克。我们缴获了大批武器、汽车和粮食，俘获1700多名敌军，其中包括70名军官和1位将军。"

隆美尔终于赶上了大部队。下午，赫伯特·奥尔布里奇指挥的第5装甲团也赶到了，但他的坦克炮塔全都被沙粒紧紧塞死，必须拆下来清洗。

沙漠烽烟·阿拉曼争夺战
shamofengyan · alamanzhengduozhan

隆美尔命令施维林率一支部队沿沙漠小道向德尔纳追击。随后，波纳特领着机枪手赶往德尔纳，经过一场激烈的战斗，他们在德尔纳机场建立了一个据点。

8日早晨，隆美尔驱车驶进机场，波纳特得意地宣布，他们俘获了包括菲利普·尼姆、理查德·奥康纳等4名将军在内的900名英军。但他们每一挺机枪都只剩下了最后一条子弹带，士兵们也已精疲力竭了。至此，隆美尔在不到两个月的时间内就扭转了北非战局，占领了除托布鲁克外的整个昔兰尼加地区，在沙漠上扬起了隆美尔式的旋风。

理查德·奥康纳和菲利普·尼姆被俘一事充分说明了这场奇怪战争的运气可以像沙漠中的沙尘一样变化神速。仅仅两个月前，那位精瘦结实的小个头爱尔兰人奥康纳曾率领英国装甲军一路向西横扫昔兰尼加地区。而现在，隆美尔扭转了局面，乘坐一辆缴获来的"猛犸"指挥车滚滚向东而来。具有讽刺意味的是，之前正是这种指挥车载着奥康纳打赢了意大利人。

一切看起来都是那么顺利，英国人是如此地不堪一击，如此轻易地胜利让隆美尔看到了英军的软弱与惊惶。

第三节

闪电攻击托布鲁克

1941年4月,隆美尔与其参谋长乘坐缴获的英军"猛犸"指挥车在巴尔比亚公路上行进。已经违抗命令横穿昔兰尼加2/3地区的隆美尔于4月10日冷静地告知他的"非洲军团"下一个雄心勃勃的目标:苏伊士运河。

> **知识拓展**
>
> ### ◎苏伊士运河
>
> 苏伊士运河(又译苏彝士运河)是一条海平面的水道,在埃及贯通苏伊士地峡,沟通地中海与红海,提供从欧洲至印度洋和西太平洋附近土地的最近的航线。1869年,修筑通航。1875年,外债迫使帕夏(Said帕夏的继任者)将运河的股份卖给了英国。1882年,英国骑兵进驻运河。1888年,君士坦丁堡大会公告运河为大不列颠帝国保护下的中立区,规定不论在和平还是在战争期间运河向所有国家的船只开放,在运河水域里不得有任何敌对行动,并不得在其沿岸修建防御工事。1936年,英国与埃及签订《英埃条约》,英国坚持保留对苏伊士运河的控制权。
>
> 它是世界使用最频繁的航线之一,也是亚洲与非洲的交界线,是亚洲与非洲、欧洲人民来往的主要通道。
>
> 战争时期,苏伊士运河的重要地位不言而喻。

沙漠烽烟·阿拉曼争夺战

作为该计划的第一步，德国必须占领德尔纳以东161公里的战略要地托布鲁克港。该港控制着进入埃及的交通运输线。对隆美尔来说，占领托布鲁克，就获得了良好的补给基地，能够缓解"非洲军团"的后勤压力。对英国人来说，若丢掉托布鲁克，就很难挡住隆美尔乘胜攻入埃及了。

在德军攻下梅基利的同一天，在托布鲁克的一家滨海旅馆里，韦维尔向与会的高级军官们宣布了一项事关重大的决定：英军必须死守住托布鲁克。从德尔纳逃出轴心国魔掌的澳大利亚第9师将进驻这座沿海城市。他们将与已经驻扎在托布鲁克的英国和英联邦国家部队合兵一处。

隆美尔为了顺利占领托布鲁克，匆忙调集第3侦察装甲车队、第8机枪营和一支反坦克炮兵营组成先头部队。他不用斯特莱克率领这支部队，而选用第15装甲师师长海因里希·冯·普里特维茨少将。

普里特维茨急于参战，他已先于他的部队飞到前线。临近中午时分，在离托布鲁克10公里处，他正站在汽车里指挥他手下的一班新人时，一排反坦克弹击中了汽车，这位将军和他的司机当场身亡。几小时后，当隆美尔正在托布鲁克南边进行侦察时，只见一辆英国指挥车风驰电掣般地向他这边冲了过来。这是斯特莱克部队曾经缴获的那种指挥车。隆美尔命令一名士兵架起机枪正要准备射击时，指挥车来了一个急刹车，从车里跳出的正是第5轻型装甲师师长斯特莱克，他向隆美尔报告了普里特维茨阵亡的消息。

隆美尔气愤地说："你怎么敢驾着一辆英国车在后面追我？我正要命人向你开枪呢。"

"开吧，如果那样，将军阁下，你一天之内就损失了两名装甲师师长。"

隆美尔愤怒地命令这位将军和他的下属第5装甲团团长赫伯特·奥尔布里奇上校继续向前推进，根本不顾部队将士们需要休整和补充给养。

4月12日，"非洲军团"第8机枪营和20多辆装甲车发动了一次深入穿透，结果装甲车深陷在反坦克沟壑里动弹不得。德军直到陷进去时才知道上了当，第8机枪营在寒风中挖了一个晚上的战壕。

第二天正好赶上复活节，隆美尔在地图上谋划了一次类似于在法国进行的"闪电战"进攻，由步兵和装甲兵共同完成。他是这样描述这一战术的："集中优势兵力于某一点，采取强行突破，攻占两翼，然后在敌人还未来得及反应之前像闪电一样穿透进去，直插敌人的后部。"进攻定于4月14日凌晨3时开始。为了掩护进攻，波纳特营长派遣他手下的一支机械化轻型高射炮队开到铁丝网边缘，然后叫第18高射炮团用88毫米口径大炮在后面支援。

4月14日清晨5时20分，第5轻型装甲师的第一批坦克未遭遇抵抗就碾过了托布鲁克以南一道被炸开了缺口的铁丝网阵地，据守外围火力点的澳大利亚士兵并没有打算招惹这些耀武扬威的庞然大物。但是，当德国步兵潮水般涌过这些坚固火力点时，澳军的弹雨就从他们身后直扫而来。德军坦克似乎根本就没有注意到它们身后那血淋淋的可怕场景，继续大摇大摆地向前开进，他们已深入到澳军外围防御阵地3公里外——一点一点地钻进了一个精心策划而又危险的圈套里。

忽然间，德国装甲兵发现自己被套进了一条火网之中。就在不远处，英军的野战重炮在只有约0.5公里的距离内从两侧向他们猛烈开火。一辆"潘萨Ⅳ"型坦克的炮塔被一发炮弹直接命中，强大的爆炸力把它从炮座上完全掀了下去。乘着小汽车傲慢地闯进战场的德军中校古斯塔夫·帕纳森当场毙命，他那辆舒适的小车被一发反坦克炮弹炸了个稀巴烂。阵地上到处弥漫着硝烟和灰尘，德军驾驶员和炮手们眼前模糊一片，什么也看不清，他们只能开着坦克惊慌失措地东闯西钻。最后，撤退命令下达了，他们才狼狈不堪地杀出一条血路，沿着同一道交叉火网，退回外围阵地。

在这场混战中，德军损失了坦克17辆——其中至少有一辆是被一名澳大利亚士兵把一根铁棍捅进了履带中而丧失了行动能力的。德军第8机枪营伤亡率高达75%，这场战斗真个是"一片混乱"，一名德国装甲兵指挥官后来写道，"我们能活着逃出来就算是幸运的了"。

隆美尔吃了败仗，暴跳如雷。他对第5轻型装甲师师长斯特莱克破口大骂，说他的装甲部队没有全力以赴，并指责第5装甲团团长奥尔布里奇"优柔寡断"。

当天晚上，隆美尔向最高统帅部做了汇报，并极力掩饰这次惨败。然而真相却无法隐瞒，勇敢的波纳特营长和许多优秀士兵都阵亡了。事已至此，隆美尔却仍然不愿承认错误，继续把这次失败归结于别的原因，并向上汇报：

> 在进攻昔兰尼加期间，尤其是在围困托布鲁克的初期，有许多这样的实例，我的指挥官们不执行我的明确而具体的命令，或者说没有果断地执行，还有近似不服从命令的例子，某些指挥官在敌军面前临阵退却。

16日，隆美尔慰问了第8机枪营残部，并鼓励大家："从今天起，8天以内我们将到达开罗——把我的话传出去好了。"隆美尔用铅笔在地图上点点画画，指出机枪营的错误是没有首先在防线上撕开更大的突破口。照他看来，斯特莱克"不懂得集中兵力、兵器打开突破口；不懂得在打开突破口后，在敌人尚来不及进行反击前，便向两侧进行'闪电式'攻击，楔入敌防御纵深"。

机枪营向斯特莱克报告了隆美尔来访的情况："隆美尔中将阁下对我们营遭到的伤亡表示遗憾。他告诉我们，你们不应该被这点伤亡搞得一蹶不振。这是士兵的天职，做出牺牲是必要的。"这一天正好是斯特莱克50岁生日，但隆美尔并没顺便到指挥所来看他，斯特莱克心里明白，自己在这里的日子已经屈指可数了。

隆美尔又在准备新的进攻了。18日，德国空军副参谋长瓦尔道将军和戈林的副手米尔契元帅飞抵"非洲军团"驻地，第27战斗机联队也抵达了加扎拉。隆美尔又开始流露出新的乐观。隆美尔与米尔契在活动房里促膝长谈，阵阵笑声不时传出屋外。隆美尔对自己的前程非常乐观，他不时弯腰紧紧挨近地图，大声叫喊："米尔契，这就是托布鲁克，我要攻下它；这是哈勒德亚帕斯，我也要攻下它；这是开罗，我同样要攻克它；还有那里，那是苏伊士运河，我也要把它占领。"

这时，柏林派出的另一批将军也踏上了赶往隆美尔驻地的旅途。哈尔德将军等感到事情有些蹊跷，这些天来，隆美尔一直没有上报情况，而北非战区的军官却私下不断呈报说，隆美尔整天在四散的部队之间奔忙，策划侦察和突袭，消耗士兵的精力。他们指责他的所作所为和他的任务毫不相干。于是，哈尔德决定把保卢斯中将派到北非。

保卢斯是唯一能对隆美尔施加个人影响的人，他俩一道晋升上尉，1927—1929年又同在一个团里任连长。4月27日，保卢斯中将来到托布鲁克前线，目前他是德国最高统帅部的一名副参谋长，他正在抓紧宝贵的时间策划对苏联的进攻，这次被派往利比亚，是因为隆美尔的作战行动已使参谋长哈尔德上将大为光火。

当希特勒听到隆美尔身陷困境时，愤愤地对最高统帅部的高参们骂了些十分难听的话。4月27日，第15轻型装甲师的主力部队开始空运到班加西。

4月29日，保卢斯目睹了自开战以来对托布鲁克最猛烈的攻击。当天晚上6点半左右，"斯图卡"俯冲轰炸机和轴心国炮兵部队对城堡西南一座叫"拉斯伊·梅道尔"的山头进行了狂轰滥炸，德军坦克群趁机突破了这个制高点以北、以南的防御系统。在3个小时内，德军就把战旗插上了山顶，坦克部队则深入外围阵地3公里之远。但是，德军未能占据一系列由澳军死守的坚固火力点。隆美尔说："这些澳大利亚士兵打起仗来，具有不同寻常的刚毅精神，甚至伤员还要继续战斗下去，直至最后一刻。"

4月30日早晨，德军炮兵继续轰击这一地区，隆美尔走到已占领的掩体之间，像一位前线步兵一样匍匐前进。尽管隆美尔增加了援军，这些火力点仍旧十分活跃，当英军用炮火进行报复和展开反击时，它们就从后面对德军进行骚扰，双方一直僵持不下。

冲击和反冲击的拉锯战激烈地进行了三天，遮天蔽日的风沙使得德英指挥官的战术控制都陷入了困境。

5月4日，托布鲁克的澳大利亚第9师发起了一次反击，双方展开了非常惨烈的战斗，"非洲军团"付出了战斗开始以来最惨重的一次伤亡——1200多人阵亡、受伤或失踪。保卢斯命令隆美尔停止进攻。事实上，他被伤亡的惨重和战斗的艰苦吓倒了，他在回柏林前，坚决要求隆美尔保持防守，直到供应短缺的问题得到缓解。

与此同时，德国最高统帅部布劳希奇总司令奉希特勒之令发来了一道怒气冲冲的最后通牒，这位总司令勒令隆美尔不可再向托布鲁克展开攻势，隆美尔必须坚守现有阵地，保存实力。隆美尔对被迫转为守势并禁止进攻埃及，感到痛苦万分。但是，不久他就证明了自己是一位完美无缺的防御高手，正如同他是一位完美无缺的进攻高手一样。

第四节

重夺要塞哈尔法牙

就在隆美尔因为托布鲁克的久攻不下而被迫转为防守的时候，韦维尔积极地准备了一场反攻——剑指利比亚高原的"简明行动"。

事实上，早在1941年春天，丘吉尔首相就设想了一个大胆的、典型的"丘吉尔式"计划，着手准备在昔兰尼加展开攻势。由于德国空军曾在地中海重创了英军航空母舰"光辉"号，显示出强大的制空力量，自1月起，英国船队就不敢穿越地中海向北非运送给养了。但三四月间，一支装载着295辆坦克打算去援助韦维尔的船队，在丘吉尔的坚持下，为缩短40天航程，改变了绕道"好望角"开赴苏伊士运河的原定路线，船队转入直布罗陀海峡，穿越地中海德军交叉火力网，直驶亚历山大港。

丘吉尔清楚隆美尔已得到了一个完整的德国装甲师的增援，但他仍认为有必要冒这种风险。如果在那支德军新锐坦克部队在北非完全施展开手脚之前，让韦维尔得到这295辆坦克，那么，目前灾难性的战斗局面可能会很快地扭转过来。"如果这笔货物交易成功，"具有毫不含糊的乐观精神的丘吉尔打电报告诉韦维尔说，"6月底，在昔兰尼加就再也看不到德国人了。"

幸运的是，丘吉尔赌赢了。在代号为"猛虎船队"的运输过程中，英军只被德军一枚水雷击沉而损失了一艘货船。5月1日，船队终于把238辆坦克送到了亚历山大港。

在到达之日，丘吉尔把《圣经》中一段关于希腊科林斯人的话引入了给韦维尔的电报里:"看,现在已是拯救之时。"

丘吉尔信心满满,要韦维尔利用这些新坦克,在6月开展行动,但韦维尔可不那么肯定。运来的坦克呈现出一副寒酸模样:制动箱被压碎、履带无法使用、发动机没有安装滤尘器——而滤尘器在沙漠战中是至关重要的。想在6月中旬之前展开行动,韦维尔告诉伦敦,是绝对不可能的,这令丘吉尔大失所望。

韦维尔虽拒绝了首相的提议,但他并不是因被隆美尔吓破了胆子而只防守不敢进攻,事实上,他并不乏主动向上、积极进取的精神。

5月15日,甚至在没有动用新坦克的情况下,韦维尔发起了"简明行动"。这是一场旨在为下一次大规模攻势夺取攻击阵地的小战役。在W.H.E.高特准将的指挥下,英军越过埃及与利比亚边境,派出三支攻击纵队展开进攻。两支队伍攀过与海岸平行的悬崖绝壁,其中一支向西横扫过去,随后向北直扑西迪阿则兹,另一支力图攻占塞卢姆以西的卡普措要塞;第三支纵队要强行打通哈尔法牙隘口——这是整个绝壁通向利比亚高原的唯一关口。除了控制通往高原的道路外,哈尔法牙隘口还控制着通往索卢姆及以西各地的沿海公路。

5月15日黎明时分,英国派出了55辆坦克和步兵大队参加进攻。英军兵贵神速,很快就攻克了卡普措和哈尔法牙隘口,大军随后继续向西迪阿则兹推进。意军很巧妙地一边打一边从哈尔法牙隘口撤退,英军坦克一直深入到利比亚境内10多公里的西迪阿则兹,但在那里,他们遇到了顽强的抵抗。意大利军队终于勇敢地战斗了一次。

5月16日上午,德国人掌握了战斗的主动权。由隆美尔派过来支援的第8装甲团第1营和一个高射炮队赶到了西迪阿则兹。只剩下15辆坦克的赫尔夫马上在索卢姆对英军的侧翼发动了一次突然反攻。损失18辆坦克的英军于5月16日下午向东南方向撤退到哈尔法牙关,这是战斗的尾声了。英军发动的这场进攻战持续不到两天,损失惨重,最后仅夺回了哈尔法牙关,而这个要塞他们也不会坚守太久。

5月26日晚上,隆美尔派遣汉斯·克拉默上校的第8装甲团及其支援力量从西南方向攻打关隘，同时让第104步兵团的一个营从东北方向发动正面进攻。第8装甲团的步兵们冲上蛇形道路，与防守者展开了徒手搏斗。几个小时后，他们到达了关隘的顶部，与相反方向开过来的装甲兵会合。

5月27日，是隆美尔第一次看见浩瀚的北非沙漠后的第15周。在这段时间里，他的"非洲军团"挽救了德国的意大利盟军并向东推进了1600多公里。如今重新夺回哈尔法隘口的德国人站在了通往埃及心脏地带的门户上。

然而围绕着哈尔法牙隘口这座重要关隘的争夺，并未落幕。

隆美尔把哈尔法牙隘口的指挥权交给了威勒姆·巴赫上尉，几天后，斯特莱克将军离开了北非，他的从军生涯由于和隆美尔之间存在争议而累遭挫折。第5装甲团团长赫伯特·奥尔布里奇上校因称病躲避隆美尔，也被撤职了。

巴赫是一位曾经当过牧师的狂热的好战分子，他最引以为傲的即是自己曾带领部队参加了5月底那次夺回哈尔法牙隘口的战斗。

隆美尔命令部队从哈尔法牙隘口到沙漠高原修筑要塞防线，这条新修筑的防线有多处据点，其中包括卡普佐村以南8公里左右的206号据点和俯视卡普佐南翼的哈菲德山梁上的208号据点。如果巴赫指挥的德意军队能够守住哈尔法牙隘口，那么其他据点就会形成一个很宽的弧形，将英国装甲部队赶入沙漠作战。

隆美尔不相信间接获得的报告，他每天都要亲临前线视察，以获得战场的真实情况，他认为这是获取胜利的关键。隆美尔的一位军官回忆："他在视察前线时，能够看到一切情况，如果大炮没有伪装充分，如果埋藏的地雷数量不够，如果常务巡逻兵没有足够的弹药，都要亲自过问。"

6月14日，隆美尔通过监听英军的电台得知，英军的进攻将于第2天早晨开始，于是命令所有部队保持警戒。为了预先阻止托布鲁克的英军发动进攻行动，他于当天晚上月亮升起时开始用大炮轰击城里。隆美尔的战斗命令简洁明了，一语中的："哈尔法牙隘口一定会守住的！敌人一定会被打败！"

英国及英联邦国家的军队远没有隆美尔这么充分的准备，当然他们也就缺乏足够的自信。因上次进攻计划的失败，韦维尔心里承受着最高统帅部的巨大压力。为了挽回一些面子，他精心策划了一个代号为"战斧"的进攻计划。该计划由佩尔斯中将具体负责实施，目标是摧毁隆美尔在哈尔法牙隘口的部队，以缓解托布鲁克的压力，然后把德意联军尽可能地往西驱赶。

应该说，"战斧行动"计划的准备是不够充分的。此计划中新组成的第8集团军并不是一支训练有素的整体，它的许多队伍都是从正规编制单位中抽调出来的。更糟糕的是，"玛蒂尔达"坦克行进的速度太慢了，而且装甲兵和步兵之间又无法进行有效的通信联络。佩尔斯也不像隆美尔那样喜欢待在战场的附近，他把总部设在离利比亚边境有97公里的西迪巴拉尼，这使得他根本无法根据战场上出现的新情况做出及时、准确的调整。

6月15日拂晓，英军开始实施"战斧行动"。英德双方实力悬殊：英军有300辆坦克、116架战斗机和128架轰炸机；德军（包括意军）只有150辆坦克、60架战斗机和79架轰炸机，大炮数量更是少得可怜。

英军中路的坦克团向着卡普措堡方向前进。由于该团全部装备了令人生畏的"玛蒂尔达"坦克，所以防守阵地的德军第8机枪营对它毫无办法，反坦克炮弹打在装甲上全被弹了回来，德军一筹莫展。毫无顾虑的英军坦克在德军阵地上纵横驰骋，来回碾压，将一门门德国大炮碾得粉碎，德军炮手们惊恐万分，四散奔逃，卡普措堡被英军顺利攻下了。

北路英军的进攻没有中路那么顺利。虽然他们也装备了令人生畏的"玛蒂尔达"坦克，但这种坦克的威力被隆美尔破解了。隆美尔目睹了英军坦克在德军反坦克炮面前横冲直撞后，心急如焚，他知道这场战役的胜负将决定于他能否找到一种对付这种坦克的方法。一天，隆美尔将目光停留在了几门88毫米口径高射炮上，他立即命令巴赫和他的士兵们把炮管放平，时刻准备着向前来进攻的"玛蒂尔达"坦克射击。

巴赫上尉和他的手下穿着汗渍斑斑的衣服在哈尔法牙隘口上的据点里彻夜等待着，他们忍受着沙漠跳蚤的无情进攻，一有空闲就偷偷打个盹儿。沙漠中的白昼来得很突然，凌晨4点时，月光已变成了阳光。随着一阵马达声的响起，远处出现了缕缕沙尘。当轰隆隆的坦克群跃入眼帘时，人们的神经开始绷紧了。炮弹的刺耳声宣布了英军又一次攻击的开始。

随着英军的脚步声越来越清晰，久久等待的德军终于忍不住了，巴赫发出了开火命令。88毫米口径高射炮呼啸着射往英军坦克群。很快，其他反坦克炮火也加入进来，好几辆"玛蒂尔达"坦克顷刻间冒出浓烟，停了下来，履带、炮架和金属碎片散落一地。被毁坏的坦克后面的印度步兵拼命地试图往前冲，但在密集的炮火下，这是根本不可能的。英国的大炮瞄准意大利的炮兵阵地一阵猛打，但还是无法压制住对方的反击。同时，德国的炮队继续轰击，迫使英军节节撤退，巴赫上尉和他的部队顽强地守住了关隘。

高炮低射成了隆美尔挫败韦维尔"战斧"计划的关键。取胜后，他马上把仅有的12门高射炮分成两组：一组放在性命攸关的哈尔法牙隘口；一组放在了另一个战略要地，即英国人南路进攻的目标——哈菲德岭。隆

"战斧行动"中，第4印度师的士兵在货车上写着"从开伯尔山口至地狱之火山口"

沙漠烽烟·阿拉曼争夺战

美尔的巧妙布置使得进攻哈菲德岭的英军损失惨重，防守的德军第15轻型装甲师几乎没费吹灰之力，就让英国人的60多辆"玛蒂尔达"坦克变成了大漠中的一堆堆废铁。

到了夜间，疲惫的英国人停止了进攻，这使隆美尔赢得了宝贵的调整部署的机会。一向动若脱兔的他马上命令第5轻型装甲师和第15轻型装甲师全部撤出战斗，集中全力于拂晓前插到英军的侧翼，以一记漂亮的右勾拳把英国人赶入地中海。

正在正面战场上聚精会神地准备次日进攻的英军万万没有想到隆美尔从侧面杀来，顿时陷入了混乱之中。隆美尔当机立断，决定来它个乱中求胜，命令两个装甲师向英军发动坚决的钳形攻势，用他的话说："一直打到坦克的汽油烧完为止。"

当天的战斗结束后，隆美尔把他手下各位军官的报告以及无线电窃听到的情报结合在一起，得出了一套很清晰的作战思路。当晚，他便有了一个大胆的计划：由第15轻型装甲师向卡普佐的英军发动反攻，同时，第5轻型装甲师向西迪欧马进发，然后转到东边攻打西迪苏莱曼，最后与哈尔法牙关的德军会合，切断英军的通信联络。

6月16日黎明，德军第15轻型装甲师向卡普佐的英国第22护卫大队和第7装甲大队发动了反攻，经过5个小时的激烈战斗，德军损失了80辆坦克中的50辆，被迫停止反攻。到中午时分，英军攻克了位于卡普佐和索卢姆之间的穆塞德，威胁着巴迪亚。这时，英军的进攻逐渐弱了下来，因为装备精良的英国坦克修理站设在遥远的后方，为数不多的随军修理队人员自然十分繁忙。

当夜幕降临时，英军少将弗兰克·梅塞韦越来越担心他的左翼。他的担心是很有道理的，他的第4装甲大队在超负荷地抵抗着德军的第15轻型装甲师，而第7装甲大队和各个支援小组在一场发生在哈菲德岭和西南方向的西迪欧马之间的沙漠中的猛烈的坦克大战中被德军的第5轻型坦克师击退了。

除了突然袭击外，德军在随后的许多胜利都要归功于一种大胆的新战术：德军装甲师不采用坦克对坦克的作战方式，而是用反坦克大炮来对付英国的坦克。这种反坦克大炮由一种特别设计的拖车拖运着，一旦碰上敌人，司机马上停车，炮手架起大炮就能立即开火，这大炮的威猛火力具有很强的致命效果。

6月17日凌晨，第5轻型装甲师的先头部队开始进攻西迪苏莱曼，该地的英军装甲部队只剩下22辆巡逻坦克和17辆"玛蒂尔达"坦克，即将陷入全军覆没的危险。战斗中，隆美尔的信号窃听部截获到一则无线电报告："焦躁不安的英国人正在抱怨燃料和军火严重短缺。"显然，英军虽然守住了前线，但他们后方供给已被德国人切断了。

中午时分，"战斧行动"的指挥官佩尔斯和中东英军总司令韦维尔一同飞往英军前线指挥部，希望调集第7装甲师发动一次反攻。但是，形势已无法挽救了，前线指挥官梅塞韦早就正确判断出他的部队将在卡普佐和哈尔法牙隘口被诱擒，所以已经命令印度第4师撤回，他特别强调责任由他本人来负。

韦维尔惊呆了，他马上取消了要求第7装甲师发动反攻的命令，并要求全线撤退。韦维尔认为梅塞韦的决定是明智的，因为如果不撤退的话，所有英军都有可能被包围，或者德国人又会故技重施攻击英军的补给线，这样的结果就会使英军不得不再一次丢弃慢得像乌龟似的"玛蒂尔达"坦克逃跑。在3天的战斗中，英国和英联邦国家的军队伤亡人数总共不到1000人，然而，士兵们的生命虽然保住了，但士气受到了严重的打击。

6月18日，隆美尔离开指挥部，驱车看望他那些筋疲力尽的德国和意大利士兵，并向他们致谢。看着这些喜气洋洋的面孔，他不由得感到欣慰，受到鼓舞。在这次战斗中，他仅把每天的战斗情况向柏林做一次扼要的报告，而现在他可要沾沾自喜地宣告自己这一难忘的胜利了。他声称自己的部队摧毁了敌军180辆到200辆坦克，几天后又把这个数字夸张地修改为250辆。其实准确的数字是，英国共损失91辆坦克。

"简明行动"和"战斧行动"之后，哈尔法牙隘口依然在隆美尔手中。

· 第三章 ·

茫茫沙海中的激战

为了夺取一次决定性的胜利，中东英军总司令韦维尔将军精心策划了代号为"战斧行动"的进攻战。韦维尔在得到增援后，在丘吉尔的敦促下，决定对隆美尔发动大规模的反攻，但终因指挥不得力而难逃失败的命运，韦维尔也告别了在北非的军旅生涯。接替他的奥钦莱克将军不甘示弱，"十字军战士行动"悄然开始，英德军队在沙漠里上演了战争史上最壮观的装甲车火拼。大喜过望的隆美尔仓促地做出了进攻托布鲁克的决定，在英军顽强的抵抗面前，托布鲁克久攻不下，得不到后勤补给的"非洲军团"只能无奈地选择全线撤退。

第一节

盟军换将

1941年的整个6月，对于隆美尔来说都是令人愉快的日子。他以卓越的战斗和严格的训练赢得了胜利，以至连盟军将士们每每谈起隆美尔和他的坦克时，都不免流露出敬畏的神情。在国内，隆美尔的声誉也同样达到了顶点。在希特勒的提议下，49岁的隆美尔被晋升为上将。

一个只有49岁的人成了一名上将！这就意味着，尽管在托布鲁克的那几个星期有过难堪的争论，但隆美尔确实已经像玫瑰花一样绚丽芬芳了。只是他自己好像并没有太多的激动，听到这个消息后，他只是淡淡地说："这当然是令人高兴的事，然而如果有可能的话，我还会将自己的肩章上添上更多的星。"

然而，对于他的对手韦维尔将军来说，"战斧行动"的失败终止了他在北非的军旅生涯。他给英国最高司令部的报告显示了他无所畏惧的勇气："我不得不遗憾地向大家报告：'战斧行动'失败了，而全部责任都在我……"将一切过失归于自己是韦维尔的一贯作风，将军一夜之间好像老了10岁，头发全白了，步伐都变得异常沉重。

韦维尔将军坐在办公桌后宽大的扶手椅上，收音机里正广播着最新的消息："今天清晨4时，德国以300多万军队、3000辆坦克和近2000架飞机，对苏联发动了突然袭击，苏联军队正在斯大林将军的领导下，奋起反击……"

韦维尔再次拿起桌子上摊着的那张纸：

> 首相致韦维尔将军：克劳德·奥钦莱克将军将接替你的职位担任中东英军总司令，而你是一名无与伦比的优秀人才和十分杰出的军官，将填补英印总司令的空缺职位。

韦维尔苦涩地一笑，这其中的酸楚和苦涩恐怕只有他自己才能体会得到。他很清楚，自己在北非的使命已经结束了。

"战斧行动"让韦维尔丢掉了中东英军总司令的职位，却代表了隆美尔的装甲部队第一次决定性地战胜了同样强大的盟军。另外，还进一步证实了他原来取得的胜利不是纯粹依靠运气，还在于他大胆的战术和亲自督阵指挥的风格。

在这场战役胜利后，隆美尔花了3天时间巡视战场，向他的将士们表示祝贺。在哈尔法牙隘口，他尤其赞扬了巴赫上尉，并建议给他授予一枚铁十字勋章，提拔他当少校。这期间，隆美尔的军团在壮大，他的手下也越来越对这位指挥官充满信任。

尽管人员和物资短缺，隆美尔还是准备攻打托布鲁克。他选择了一些进攻点，把大炮瞄准要塞。他不知疲倦地在沙漠里到处巡视，穿梭于封锁线前沿哨所之间，经常事先不打招呼就突然出现，以监视要塞的修建情况。

针对北非越来越严峻的态势，丘吉尔不得不从极其复杂的战争局势中冷静下来。他在《第二次世界大战回忆录》中写道：

> 北非目前的惨败状况，我是有责任的。不该急于把部分兵力调往希腊，而应该乘胜扩大战果。因为这给希特勒钻了一个不小的空子……当然，韦维尔也是有责任的，他不是一个很称职的指挥员。

到北非接替韦维尔中东英军总司令职务的是奥钦莱克将军。当时，他似乎就是这一职位的最合适人选。时年57岁的他，将军旅生涯作为自己的唯一选择。从桑德赫斯特英国皇家军官学校毕业之后，他一直在稳步上升：和平时期先在印度军队服役，后来又参加了两次大战中的许多战役。

奥钦莱克履历光鲜，丘吉尔对他更是寄予厚望。

知识拓展

◎奥钦莱克

奥钦莱克，1884年6月21日出生于英国奥尔德肖特市。12岁时进入英国著名的惠灵顿公学。1902年1月，奥钦莱克考入桑德赫斯特英国皇家军官学校，同年12月毕业后前往印度服役。

1914年，第一次世界大战爆发，英国军队与土耳其军队在美索不达米亚展开激战，奥钦莱克获得宝贵的实战经验，对传统的军事理论产生了怀疑。1919年，奥钦莱克被送进奎达参谋学院深造。从奎达参谋学院毕业后，奥钦莱克先在西姆拉的军需司令部任参谋，然后又回到野战部队。1927年，奥钦莱克被送往帝国国防学院深造。毕业之后，奥钦莱克先后担任团长和奎达参谋学院教官。1935年，奥钦莱克晋升为少将，次年出任英印军副参谋长。

克劳德·奥钦莱克（1884—1981）

1939年，欧洲大陆燃起战火，奥钦莱克被调回英国。先后任军长和英国南方军区司令，晋升为中将。1941年1月，奥钦莱克返回印度，任印度英军总司令。而奥钦莱克到北非接替韦维尔任中东英军总司令时，晋升为上将。

与被正式任命的职务相比，他更以绰号"海雀"广为人知。他的部下都是这样亲切地称呼他。他意志坚定、精明过人、作战经验丰富，备受士兵爱戴。在丘吉尔眼里，他是最为合适的人选。但是他也有明显的不足之处，那就是盲目自信，并且缺乏沙漠作战的经验。

新上任的奥钦莱克将军抵达开罗之后，第一时间就统计了自己的部队及装备，然后吃惊地发现自己手里只有100辆故障频频、不堪使用的"玛蒂尔达"坦克。

"看来我是来收拾烂摊子的！"奥钦莱克将军扬了扬手中的装备清单无奈地说，"如果想要更多或是更先进的坦克，就必须用一个多月的时间从英国本土运输，而德国人只需要用几天的时间就可以从意大利得到他们需要的任何一切，所以用不了多久，德国人的坦克就会成倍地增加，而我们却依旧是这些垃圾……"

无奈之下，奥钦莱克将军发电报求助丘吉尔，要求物资增援。丘吉尔随即向美国求助。

此时的美国还没有参战，原则上是不能帮助交战的任何一方的，但事实上，美国已通过租借的名义向盟军提供了大量的装备和物资。

此时，美国恰好有一批战略物资运到印度，这批物资原本是送往缅甸准备用于支援中国远征军的，可英国与美国的关系更密切，于是罗斯福没有多想就同意了丘吉尔的要求，转而把这批物资用于增援北非。

这样英军的补给线就不是从英国本土运往北非，而是从印度经红海再通过苏伊士运河运往埃及……这运输线甚至比德国经意大利运往托布鲁克的运输线更短。

于是大批的坦克、车辆及物资就通过红海运到了奥钦莱克手中。

奥钦莱克将军在得到这些物资后，就按照丘吉尔的指令，将北非的部队整编为第8集团军，由在东非肃清意军作战有功的由艾伦·坎宁安中将担任司令，集团军下辖第13军和第30军，分别是由戈德温·奥斯汀中将和诺里中将任军长。这样，整个北非的英军共拥有4个师3个旅，总兵力达13万人，配备"玛蒂尔达""瓦伦丁"等坦克710辆，其中200辆为步兵坦克。

面对英军大军云集之势，隆美尔不敢继续玩弄他那"瞒天过海"的把戏，遂针锋相对地调兵遣将、改编部队。8月末，第90轻型装甲师抵达利比亚，同时第5轻型装甲师改为第21轻型装甲师。这样，隆美尔麾下就拥有第 15、第 21 和第 90 轻型装甲师。同时，他还把麾下的意军从 3 个师扩编为 1 个装甲师、5 个步兵师。

两虎相争，必有一败，重兵对垒的英德双方究竟谁能赢得这场战争的胜利呢？

第二节

"十字军"在行动

1941年11月7日,一场前所未有的大暴雨袭击了轴心国占领的昔兰尼加地区。这场罕见的暴雨使干涸的河床上突然间发了洪水,冲毁了桥梁,淹没了装备,特别是机场成了一片泥潭,飞机根本无法起飞、降落。一切侦察飞机都暂停了。正因为如此,英军在沙漠中新建立起的好几处供应站都未被德军侦察机发现。

历经4个多月的精心准备,英军主动发起了北非沙漠战场上最大的一次代号为"十字军战士行动"的攻势。"十字军战士行动"的战略目的是拖住并消灭德军装甲部队,解救围困于托布鲁克的守军,重新夺回整个昔兰尼加,并最终占领的黎波里。丘吉尔对这次战役寄予极大希望,他希望"十字军战士行动"能成为与布莱尼姆战役和滑铁卢之战相媲美的战斗。

为此,新上任的中东英军总司令奥钦莱克做了如下部署:由艾伦·坎宁安中将指挥的第8集团军来执行此次行动。作为主要的进攻部队,第30军的装甲部队将穿过马达莱纳附近的埃及边界,然后以一个大弧形向西北方向进军到一个叫加布沙的地方,奥钦莱克希望在这里迫使隆美尔的装甲兵出战。在击败"非洲军团"后,第30军将继续推进到西迪雷泽周围的一片高地,与托布鲁克守军中的一支突围出来的部队会合。同时,位于第30军北翼的第13军步兵推进到索卢姆-西迪欧马防线,英军将尽力战斗到最后一刻,直到第30军歼灭那两支德国装甲师。

一个风雨交加的夜晚,汹涌的海浪咆哮着撞击礁岩,发出了巨大的

沙漠烽烟 阿拉曼争夺战

响声。一支英军突击队乘坐橡皮艇驶向海岸，他们的目的是干掉"非洲军团"指挥部，活捉隆美尔，以绝后患。突击队员们上岸后迅速整好了队形，然后按照英国特工和阿拉伯合作者提供的情报直奔贝达里托利亚，冲进他们认为是隆美尔总部的地点。

然而，他们不仅走错了屋子，而且由于慌乱误伤了自己人。暗杀隆美尔的行动注定要失败，因为当时隆美尔不在北非。11月1日，他就去了意大利罗马，与自己的家人亲友庆祝生日。突击队员们在先后杀死了4名德国人后，有的被打死，有的被抓获。当然，他们攻击昔兰尼加和亚波罗尼亚的目标也就跟着落空了。英国突击队员们的刺杀行动并没有动摇隆美尔。隆美尔把这看作是一次孤立的事件，而不是一次大规模进攻前的序曲。

11月18日晌午时分，英国人蓄谋已久的"十字军战士行动"正式开始。英国皇家陆军第7装甲师在新任师长戈特中将的率领下，再度领衔主演，活跃在战场的最前沿。左翼第7装甲旅一马当先，沿托布鲁克向西迪拉杰特前进，穿过一条横跨沙漠的古老的贩运奴隶的小道，顺利地抵达目的地。右翼第4装甲旅正与德军外围机动侦察分队爆发了小规模的冲突；第22装甲旅则从另一路快速穿插，在傍晚时分便停顿休整，距目的地仅20公里。

英军的"十字军战士行动"由于行动隐蔽，计划周密，致使德意军队事先并无丝毫察觉。虽然有消息报告说有一队坦克沿途驶来，但隆美尔误以为只是英军的小股侦察分队，是试探性行动，因此未加理睬，仍一心一意地在拜尔迪耶指挥部筹划对托布鲁克的进攻计划。

"司令阁下，空军已发现众多敌军坦克在前线一带集结，侦察袭击不可能动用这么多兵力，这足以说明英军是在进行一次大规模反攻。所以，我们必须给予充分重视。"

非洲装甲军新任军长克鲁威尔将军试图说服隆美尔。

"那你说该怎么办？"隆美尔问他。

"我已和拜尔林参谋长商量过了，决定将腊芬斯坦的第21轻型装甲师的一个坦克团派往加布尔萨拉。"

"不行，我们不能过早向敌人暴露自己的真实目的。"隆美尔显然是生气了。

18日整个下午，克鲁威尔将军和他的高级指挥官们对侦察部队看到几股分散敌军的报告开始警觉起来。克鲁威尔命令第15轻型装甲师开进沙漠腹地，以对付可能发生的袭击，然后于晚上10点钟赶到隆美尔设在甘布特的总部，向他汇报情况。隆美尔仍坚持认为，英军只是想骚扰一下德军，并嘲讽道："我们千万不能神经错乱。"

11月19日清晨，英国皇家陆军第7装甲师第22装甲旅向比尔古比发起猛攻。该旅是一支由骑兵联队改建的装甲部队，是第一次参加沙漠作战，经验相对缺乏，但他们英勇强悍，求胜心切。此战中，他们发扬了骑兵冲锋时的作战风格，全速冲击意军阵地。无奈这种勇敢的精神缺乏灵活性和针对性，好像红了眼的赌徒一样容易给精明的对手看出破绽。结果，第22装甲旅在意军反坦克火炮强大火力的重击下，伤亡过重，仅4个小时就失去了半数以上的坦克，另有30多辆坦克因故障而瘫痪。虽然有几辆坦克侥幸躲过猛烈的战火，单枪匹马冲进意军阵地，终因后续乏力，缺乏步兵协同而陷入重围，吓得掉头而退。

第22装甲旅残部在付出惨痛代价后，缓慢地退守托布鲁克郊区。这时，英国皇家陆军第7装甲师第2装甲团和第7轻骑兵队袭击了托布鲁克西南侧的西迪拉杰特，抢占了机场，四处扩大战果，对隆美尔的空中运输线造成了严重威胁。

有关英国皇家陆军第7装甲师活动的报告使德军非洲装甲军军长克鲁威尔将军相信，英国人确实正在准备发动一次大规模的进攻战。征得隆美尔同意后，他从第21装甲师中抽出一支由120辆坦克、12门野战炮和4门88毫米口径高射炮组成的纵队，去支援侦察部队。德国这支前去增援的部队刚好与英军盖特豪斯的第4装甲大队迎头相撞，在这场双方坦克数量相同的猛烈战斗中，德国人大占上风，他们把23辆"斯图亚特"坦克打得动弹不得，而自己只损失了几辆坦克。

11月20日，德英双方都想更清楚地搞懂对方的意图。克鲁威尔制订了自己的行动计划，他假设敌军分成了三部分：第一部分在加布沙利，第二部分在西迪雷泽，第三部分就是曾经把第3侦察分队一直追过卡普佐的那支部队。他决定不采取一系列小规模冲突的作战方式，而应该集中所有装甲力量，全歼英军纵队。

第一次遭遇战将在加布沙利打响。坎宁安的监测器偷听到了克鲁威尔的计划，这样英军就有了相当充分的准备。隆美尔意识到他的部队面临的危险，决定把"非洲军团"集中在西迪雷泽。

11月20日下午，德军装甲部队突袭英军。机场周围高地上的88毫米口径高射炮和反坦克大炮重创英国第22装甲大队，迫使它撤退，使其79辆坦克只剩下了34辆。第7装甲大队情况更惨，只剩下10辆坦克。同时，德军的第15轻型装甲师从西边开过来参加战斗。很凑巧，德国人开往战场的道路要直接经过英国第4装甲大队扎营的地带。夕阳西下后不久，德军装甲师冲进第4装甲大队的指挥部，抓获了267人和50辆坦克。

西迪雷泽坦克大战使德英双方都遭受了很大的损失。遭到克鲁威尔部队最猛烈进攻的南非第5大队作为一支战斗力量已不复存在，它损失了几乎所有的炮兵部队和反坦克大炮，并有224人阵亡、379人受伤、2791人被俘。德国参战的150辆装甲车中，70辆已失去了战斗力。德军机械化步兵师的大多数官兵已阵亡或受伤。

西迪雷泽坦克大战已经结束了，但战斗还远远没有结束。隆美尔认为威胁托布鲁克的大部分力量已被摧毁，现在，必须趁敌军撤退之机最大限度地给予突然打击，尽快把德军的全体部队推向西迪欧马。

11月21日夜，战斗渐渐地平静下来，英德双方似乎有了约定一样，都在利用短暂的时间补充石油弹药和食物。英国皇家陆军第7装甲师师长戈特面对上任伊始的战争惨败，陷入了深深的痛苦之中。这位被称为"扫荡者"的中将，素以勇猛著称，但是他缺乏沙漠作战的指挥经验，对战争的复杂性认识不足，对作战部队缺乏统一的协调，致使部队处于兵力分散、被动挨打的局面。戈特痛苦反思后得出一个结论：要想赢得胜利，必须先发制人。

然而，正当英军秣马厉兵准备于天亮前出其不意发起攻击时，没想到德军已抢先一步。德军第15轻型装甲师早已趁夜色迂回到英国皇家陆军第7装甲师背后，占据了西北侧的有利地形。

11月22日拂晓，德军第15轻型装甲师向英国皇家陆军第7装甲师发起了攻击。第7装甲师师长戈特一夜冥思苦想的计划化为泡影，正准备披挂上阵的英军遭到了德军猛烈的炮火打击，一时阵脚大乱，只得连连后撤。这一天，恰是德国的"烈士星期日"，是德国人纪念在第一次世界大战中死难同胞的日子。昔日的耻辱似乎唤起了他们誓死雪耻的无穷力量。德国人如愿了，他们把这一天改成了英国人的纪念日，因为英国皇家陆军第7装甲师遭受了自沙漠开战以来最为惨重的损失。战后，隆美尔曾洋洋得意地说："那一天，我内心舒畅极了，因为我再次体会了作为一名帝国军人的荣耀而不是过去的屈辱。感谢英国人，是他们送来了一个绝好的礼物。"

第三节

隆美尔撤退

11月24日,隆美尔为了给英军司令部造成更大的心理震撼,亲自指挥第21装甲师进行了一次疯狂的追击,完全不顾英国军队对他们侧翼的威胁。当天下午,隆美尔到达了边境线一带。他身后的"非洲军团"在沙漠上拉开了长达60多公里的战线。隆美尔的大胆行动使英军第30军陷入混乱。

24日下午,英国第8集团军司令坎宁安乘飞机视察了前线部队。在飞机沿前线铁丝网上空返回时,坎宁安漫不经心地向下看去,不禁惊出一身冷汗:只见一场坦克战正在进行中。隆美尔正向第8集团军的水源及补给基地挺进。他停在离基地24公里的地方,还不知道基地就在前面,那是4个师所依赖的水源基地。司令部的人员几乎不相信坎宁安看到的这一切,他们在一起吵吵嚷嚷、议论纷纷。

晚上,在边境线的埃及这一边,载着隆美尔的车出现了故障。隆美尔跳上克鲁威尔的装甲车,亲自驾驶,费劲地沿着铁丝网缓慢行进,试图寻找一条撤回的路。当隆美尔大胆冒险时,坎宁安感到了绝望,因为他的主要装甲力量已被摧毁,隆美尔又在后面紧追不放,他只能选择撤退。

11月25日,中东英军总司令奥钦莱克急忙飞抵位于马列达蒙娜堡的英军前线指挥部。在听取了冗长的例行性战况汇报后,他极其严肃而又慎重地说:"先生们,你们必须清醒地看到,导致我们战争失利的,不是因为德军如何强大、如何坚不可摧,而是因为你们对敌人同样惨重

1941年11月25日，英军的十字军巡洋坦克在西部沙漠开往前线

的损失视而不见，而一味地只顾撤退。不难看出，你们完全是败在自己手里。"

话虽不多，却使在场的指挥员们抬不起头来，坎宁安更是坐立不安。当奥钦莱克继而宣布由陆军少将尼尔·里奇接替坎宁安的职务时，他才慢慢地由不安、迷惑到震惊、失望，最终流出了两行浑浊的眼泪。

坎宁安后来住进了医院，医生诊断，他患有严重的精神紧张症。实际上，大家心里都清楚，这只不过是英国人绅士风度的一种做法，坎宁安中将毕竟在之前与意大利军队的指挥作战中有功，所以应该给坎宁安一个很好的退休的借口。

这就是现实的残酷，战争是一头吞噬文明的怪兽，无论是敌是友，这头怪兽只承认胜利者。

英勇的"非洲军团"席卷北非的壮举，造就了一代名将隆美尔的辉煌与荣耀，同时也造就了他的狂妄与急躁，这使他无法容忍托布鲁克横亘在他的后勤供应线上。隆美尔曾对他的部下说："对于我们每一个人来说，托布鲁克是英国人抵抗的象征，我们必须彻底摧毁它。"横扫千军、屡战屡胜的良好感觉，使他已经不太在意托布鲁克完备的体系和守卫它的数万名英国士兵，而觉得托布鲁克唾手可得。

在没有对英军的动向做充分了解的情况下，隆美尔就仓促做出了直接向东推进的决定。尽管"非洲军团"的推进使英军出现了大溃退，但一些德国部队也遭到了猛烈的攻击。"非洲军团"的将士们越来越疲惫，并且缺乏食品、水和燃料。当隆美尔带领"非洲军团"打回托布鲁克时，已经恢复元气的英国第7装甲师从南边进攻隆美尔的侧翼。然而，德军的第15和第21装甲师就在那附近位置稍偏的地区，他们准备进攻托布鲁克城外的新西兰军队。

11月29日，德军第21装甲师遭受了一次沉重打击，新西兰军队俘虏了师长约翰·冯·拉文斯坦将军以及他随身携带的所有地图和文件。"非洲军团"无法继续向前推进更长的距离。当英国人的前线源源不断地得到增援的坦克时，隆美尔的后备力量却耗尽了。德国军队好像打赢了这场战斗，但付出的代价太大了。装甲部队已被拖垮，一切很快明朗起来，只有一条路可走，那就是从昔兰尼加全面撤退。

然而，隆美尔拒绝接受这样的结局。12月3日，他命令"非洲军团"的几支分队向东边的巴迪亚要塞再次提供补给。他仍抱有希望，要把那里的敌军赶入他的各个防守据点沿线的地区。但是，德军小分队的力量太弱，无法通过英军封锁线，很快又退回到西迪雷泽。

12月5日，英国第70师攻下了关键的艾尔杜达—贝尔哈默德高地。同一天，意军最高指挥部一名乌克兰军官给隆美尔带来了更坏的消息，他的装甲部队在1月份之前无望获得增援力量。

随后的战况悲壮而惨烈，隆美尔无法面对失败，狂怒之下，他命令第15轻型装甲师全部投入战斗，发起了一轮又一轮自杀式的攻击，但在英军的顽强而坚决的抵抗面前，一批又一批德国士兵倒下，进攻不得不停下来。

12月7日，隆美尔决定带着仅存的60辆坦克向西撤退，在托布鲁克以西50公里的加扎拉建立新的防线。该防线以加扎拉为中心，沿其西南方向延伸约64公里，是"非洲军团"预先修筑的一道撤退性防线。在防线前沿3公里范围内设置有反坦克壕，其中种植了密密麻麻的扎人的骆驼刺，并利用断断续续的土墙构筑了多道反坦克射击工事和暗堡。在防线内，修筑有几十座碉堡、弹药储存库和交织的壕沟。

12月13日，中东英军总司令奥钦莱克亲自指挥部队向加扎拉防线发起了猛烈的攻击，企图给"十字军战士行动"画上一个圆满的句号。其战略企图是：以第30军大部兵力从加扎拉正面实施突击，以第4装甲旅为快速穿插部队，迂回至敌军纵深，断其退路，并协同主力部队对敌形成围攻态势，力求全歼。

战斗打响后，英军第7装甲师与南非第1师并肩作战，直取加扎拉防线。面对英军隆隆驶来的强大坦克纵队，隆美尔感到了从未有过的巨大压力，只有使出全身招数，凭借坚固的防线拼死一战。面对德军坚固的防御工事，英国皇家陆军第7装甲师师长戈特不由得焦躁起来。他知道，上任以来的连连失利皆因为他指挥协同的失误，他没有很好地发挥部队的整体作战能力，而是实行条块分割、各自为战，结果屡屡遭到德军的分割包围。在痛定思痛的同时，他认真地研究制定了下一步的战法，更增强了他对德作战的勇气和决心。

战斗打响后，英国皇家空军首先对德军阵地进行了空中火力袭击。在航空兵的掩护下，戈特率英国皇家陆军第7装甲师进至德军防线前沿，并迅速展开队形，第22装甲旅担任火力掩护和扫残任务，第7装甲旅则先行协同扫残，开辟通路后向敌阵内攻击。一时间，双方炮声大作，一场突破与反突破的激烈战斗就此打响。德军的防坦克障碍在英军空中火力和地面直瞄火炮的准确打击下，不断被毁，不可逾越的反坦克壕也被炸开了几个缺口。

见此情景，戈特急令第7装甲师发起冲击，由于被毁坦克的阻挡和通路数量的有限，其坦克队伍只能是依次蛇行般地缓缓跃进，没能实现大部队同时突入所形成的巨大震撼力。经几次反复冲击，虽有少数坦克突入阵地内，但大多数还是被阻于阵地前沿，不得突入一步。

与此同时，英军第4装甲旅奉命向敌后实施穿插，准备断其退路，围点打援。可是精明狡猾的隆美尔早有准备，未等第4装甲旅到达指定位置，已组织部分步兵先行撤退，担任巡逻和先遣任务，以保证配有装甲车辆的部队安全退却。见此情景，第4装甲旅迅速插入德军队伍当中，将撤退的部队斩为两截。一时间，德军队伍大乱。一向精明过人的隆美尔此时也叫苦不迭，他心里清楚地知道，如果被英军围困，则有导致全军覆灭的危险。他决定主动放弃正面抗击，迅速组织部队突围。

戈特边率部追击，边调整部署，命令第7装甲师分成3路队形，从3个方向并肩向德军进逼。隆美尔则率部边打边撤，不时反身一击。英军第22装甲旅在实施迂回追击中不幸遭到德军的反包围。苦战3天后，以损失70辆坦克为代价杀出重围。

戈特对余威尚存的德军的追击格外谨慎，在德军队伍后面小心跟进，每至傍晚时分便四处设置警戒，安营歇息。就这样追追停停、打打追追，于12月下旬终又打回班加西，大体上恢复了1941年年初的态势。

此次战役，隆美尔的10多万兵力仅存3.5万，30辆坦克和部分车辆大部分被俘，但伤亡的步兵大多为意大利士兵和德军后勤人员，德军主力未伤筋骨；英军则损失坦克500多辆、兵员1.8万，其中不乏受过严格训练的沙漠老兵。尽管如此，英军还是兴高采烈地打扫战场，据守在班加西地区。远在伦敦的丘吉尔获悉消息后，也大有感触地说："我们确实值得庆贺，因为我们终于获得了一次喘息的机会。"

12月16日，隆美尔在加扎拉与他的几位上司进行了一系列会谈。放弃昔兰尼加是对墨索里尼的声誉的一次可怕打击，而撤退的命令像一道霹雳闪电击中了意大利人。巴斯蒂柯将军要求无论如何要撤销这一命令，但隆美尔自作主张，他的部队边打边撤，一直持续到1942年1月初，这时候，他们已到了布雷加港和艾尔阿吉拉，并且得到了新的部队、坦克和补给品。

至此，"十字军"战役终于达到预期的目标。"十字军"战役是第二次世界大战中英国对德国取得的第一次军事胜利，连丘吉尔也赞叹道："奥钦莱克挽救了这次战役，他用自己的行动证明他作为一个野战指挥官所具有的杰出素质。"

在遥远的东边，8800名德意驻军在巴迪亚失败了，接着又是拥有6300人的索卢姆驻军被打败。然而，战斗并没有结束。直到1942年1月17日，一直坚守哈尔法牙隘口的巴赫不得不选择投降，从而结束了长达数月之久的托布鲁克争夺战。

· 第四章 ·

目标再次锁定托布鲁克

经过屡次激战,隆美尔的"非洲军团"遭到了毁灭性打击。就在英国人自信地等待着隆美尔离去时,德国元首希特勒给了他更大的指挥权,要他大胆地向英军采取行动。得到了元首鼓励的隆美尔,再次显示了他的军事天分,他率领着"非洲军团"以"闪电"般的速度退回到昔兰尼加,接着又迅速攻下了英军固守的加扎拉防线,同时命令装甲部队调过头来,以破釜沉舟的勇气向托布鲁克突进。

第一节

来自元首的最大鼓励

进攻托布鲁克的失败,使得隆美尔深感自己在兵力上的不足,人数众多的意大利军队除了每天消耗大量的本已紧张的供应物资外,几乎难以有所作为。无奈之下,他不得不电请德国最高统帅部大本营派兵增援。此时此刻,希特勒和他的最高统帅部大本营正在全力以赴地实施进攻苏联的"巴巴罗萨"计划,大部分兵力要保证在东线,而此时的北非只不过是大本营的战略家们饭桌上一碗可有可无的小汤罢了。

面对德国最高统帅部大本营的拒绝增援,沮丧的隆美尔只能调整部署,暂取守势。对于这只以进攻见长的"沙漠之狐"来说,防御无疑是痛苦的。但在接下来的对付英军进攻的作战行动中,隆美尔还是用他的出色表现证明了自己同样也是一个防御的行家。

隆美尔此时已抵达哈尔法牙隘口以西547公里处的利比亚村庄艾尔阿吉拉,正是从这个地方,"非洲军团"在上一年的3月份发动了这次代价昂贵的战役。然而,隆美尔给他妻子露西的信中没有流露出任何的绝望之情,反而充满了无限的乐观:

> 形势正朝着有利于我们的方向发展。我脑子里装满了计划,但我对这里的情况不敢多说什么,他们会认为我疯了,其实只有我知道自己没有疯,我只不过是比他们看得稍远一点而已。

的确如此，隆美尔的部队仍然有机会对围攻他们的英军反戈一击，这个机会只有隆美尔和他的其中几位高级参谋官才看得到。德国特工人员窃听到了美国驻开罗军事参赞发给华盛顿的无线电报告，隆美尔从这些窃听到的报告中得知，英国军队已脆弱得不堪一击。穿越沙漠追击德军过分拉长了他们的供应线，而德国空军对班加西的狂轰滥炸使他们无法利用这个附近的港口。另外，1941年12月，随着日军在太平洋的进攻，也迫使英国人把部分飞机、坦克和两个整步兵师从北非派遣到马来西亚和其他受到威胁的亚洲殖民地。德、意两国终于可以在非洲有所作为。

与此同时，德国最高统帅部大本营给隆美尔的"非洲军团"注入了新的活力。在地中海水域的德国潜水艇已增加到20多艘，另外陆军元帅阿尔伯特·凯塞林的空军编队"空军2号"已把总部从苏联前线移到西西里岛，所能提供的保护力量明显加强了，所以坦克、部队和供给能够以不断增长的数日抵达的黎波里。

1942年1月5日，停泊在的黎波里港的一支护卫舰队运来了54辆坦克，这对于在10个月的征战中已损失掉90%装甲力量的隆美尔来说，当然是梦寐以求的一大笔财富。当这些新的兵员和装备抵达艾尔阿吉拉时，隆美尔的情报官员告诉他，他现在实际上比他身后的英军拥有暂时的优势。隆美尔决定趁英国人能够纠集起足够的力量恢复优势之前，于1月21日发起攻势，将英国人赶到埃及内陆。为此，隆美尔采取最严密的安全措施，只是让他的几位重要部属知道，连他的名义上的意大利上司加里波第和他在柏林的真正首领希特勒都未曾告诉。隆美尔故意散布谣言，说他打算向西撤退，并且通过大胆地把大批运送车队向后方转移来支持他这骗人的谎言。

1月20日，隆美尔升任"非洲军团"司令。不久，他指挥"非洲军团"重新占领昔兰尼加，并由此晋升为上将。

20日晚，他让手下人用火把烧毁了沿海岸线的一些旧房子和附近布雷加港里的已废弃的船只，顷刻间，火光冲天，一副要撤退的样子。果然不出隆美尔所料，英国间谍看到了这一切，他们当晚就给开罗发送无线电信息，这使英国人进一步确信，隆美尔确实是在准备全线撤退。当英国人正在信心满满地等待着隆美尔撤退时,"沙漠之狐"却从希特勒那里获得了新的激励,要他大胆地对英国人采取行动。

次日凌晨,在发起进攻前3小时,隆美尔获悉希特勒给了他更大的指挥权。他指挥的兵力以前隶属于一个装甲集团,而现在则是包括非洲的所有装甲部队。这一权限不仅包括原来的"非洲军团",而且还包括3支意大利军队,它们全都归隆美尔直接指挥。为了提高隆美尔的身份,希特勒给他授予了带剑的徽章,加在已经缀饰的那枚铁十字勋章的栎叶上。当天早晨,隆美尔对他的部下说:"对这一授予,我深感自豪,它属于我们大家,希望它激励我们继续前进,并且最终打败敌人。"

21日早晨8点30分,隆美尔派遣两支纵队在德国空军"俯冲式"轰炸机的掩护下发动进攻。隆美尔亲自在前面开路,首先击散了挡在道路上的一支孤立的英军大队,到第2天早晨,德军抵达了离艾尔阿吉拉97公里的阿格达比亚。然后,两支纵队离开公路,深入内地切断敌军的退路,朝东北方向疾行,再穿过茫茫沙漠到达安提拉特,并于当晚继续推进到桑奴。两天内推进的距离共160多公里。隆美尔洋洋得意地说:"我们的对手好像被马蜂蜇了一样,只顾奔走逃命。"

1月23日清晨,意军参谋长乌果·卡瓦利诺和凯塞林陆军元帅从罗马赶来与隆美尔商谈。卡瓦利诺带着墨索里尼要求坚持防守的指示,对隆美尔说:"只需要突袭一下就行了,然后直接回来。"隆美尔反驳说:"我打算继续坚持进攻,除了元首,无人能改变我的主意。"

卡瓦利诺气得嘟哝着离开了。卡瓦利诺出于气愤暂时收回了他的两支意大利军队,没想到隆美尔照样推行他的计划,决心要击溃撤退中的英国坦克力量。隆美尔十分清楚,英军第1装甲师由于没有经验,注定将不堪一击,而且英军不能像德军那样,能够及时向北非的现有部队不断补充兵员,所以根本无法有效保证部队作战的延续性。另外,隆美尔还握有突然袭击的法宝:英国人把他的坦克实力低估了一半,而且认为他的反戈一击绝对只是试探一下实力。不过,令隆美尔遗憾的是,在采取行动的当天,英军的大部分坦克已经撤走,他不禁慨叹:"在沙漠里围歼武装部队是多么的困难！"尽管如此，隆美尔却不泄气。

隆美尔召集起反坦克部队，很快就在一处坑洼地架好了口径50毫米的大炮。大炮吐出致命的火焰，同时，十多辆装甲车朝着英军坦克隆隆地开去，英军坦克马上就撤走了。在继续推进的过程中，德军坦克和反坦克大炮交替行动，一方提供炮火保护，另一方则全速冲刺。这是一种新的攻击方法。

傍晚时分，德军已把英国第1装甲师的大部分人马赶到阿格达比亚以东的一个很危险的地方。为了阻止该师向北撤退，隆美尔当晚在阿格达比亚—安提拉特—桑奴沿线设立了一道武装包围圈，以夹击英军的装甲部队。隆美尔的大胆突击正在转变成一次规模庞大的进攻。意大利最高指挥部本来对这次行动的高度保密就已满怀愤怒，现在则变得大为震惊了。

1月25日，隆美尔的装甲部队重新开始追击，向北朝姆苏斯方向追去，他们多次追上了行动缓慢的英国坦克编队，把他们打得四处乱逃。由于隆美尔的装甲部队缺乏足够的燃料，无法穿越将近137公里的开阔沙漠地带，所以，他最终选择重新攻下西北113公里外的班加西港，这样也可以与德国的运送舰队连接起来。

1月27日晚，隆美尔派装甲部队佯攻梅基利，英军果然上当。他们把装甲力量集中在梅基利，仅留少部分兵力守卫班加西。

1月29日，隆美尔的军队开始进攻班加西，迫使英军撤退到加扎拉防线，缴获了英军丢下的1300辆卡车。这些卡车让德军在接下来的几个月里派上了用场。与此同时，隆美尔从希特勒那里得到一份及时的命令，希特勒已提升他为一级上将。隆美尔事前没有给柏林打招呼就发动了这次攻势，看来希特勒不但没有生气，反而对他的行动表示了肯定，这让隆美尔心中大喜。

随后，隆美尔的部队横扫昔兰尼加半岛，7天以后，更是靠近了加扎拉，这离他的出发点有400多公里，而离托布鲁克只有64公里。隆美尔知道英国人已在加扎拉重新集结，并且正在构筑防御工事准备固守。于是，他便命令部队停止前进，等待供给品和增援部队的到来。

第二节

加扎拉防线上的殊死战斗

随后三个月中，战线大致在加扎拉阵地一带呈胶着状态，这条链形防线是英国人利用前线战火暂停阶段修筑的。加扎拉防线以海岸边的加扎拉为起点，向东南方向蜿蜒64公里，然后一个急转弯，朝东北方向的托布鲁克又延伸了32公里，呈一个不对称的"V"形。加扎拉防御工事布下了最为密集的地雷区，50万枚地雷护卫着英国人称作"盒子"的一排排的据点。英军设计这些间隔距离没有规律的"盒子"是为了用作夏季攻势的跳板，一旦隆美尔先发起进攻，也可用作防御要塞。每处"盒子"相距大约1.6公里，周围用铁丝网圈着，还布满了大炮。每处"盒子"可以容纳一个大队或更多的步兵，以及被围困时足够抵抗一个星期的补给品。支援这些"盒子"的是英军的机动后备军，坦克编队可以援救某一个被围困的据点，或者加入进来，穿过地雷区的安全缺口，冲出去发起反攻。

英军在加扎拉防线的人数和武器在数量上占有明显优势。12500名英国人面对11300名德国人和意大利人。此外，英军有850辆坦克，德意军只有560辆，其中还有228辆还是低劣的意大利型号。英军比德意军多出10倍的装甲车，而且在大炮和飞机上也保持着几乎三分之二的优势。

虽然"非洲军团"在人数和武器上处于下风，但隆美尔利用作战质量来帮助平衡数量上的不足。在战场上，他的88毫米口径高射炮的威力和他那几支技高一筹的装甲师，可以给英军规模虽大但连贯性较差的坦克部队予以沉重打击。在空中，他的战斗机能够绕着圈子飞过英国皇家空军的战斗机，而且在轰炸的准确性上，英国没有任何飞机能比得过德国的"俯冲式"轰炸机。除了这些有形武器外，还有笼罩在隆美尔本人身上的威严光环。很长一段时间，他一直是一位对他的部下能起到激励作用的灵魂人物。隆美尔和他的部下之间似乎存在着一种无法解释的默契。对此，丘吉尔曾说："我们遇到了一位有胆识、有才能的对手，他是灾难深重的战争岁月中一名伟大的将军。"

　　隆美尔的确非一般将军可比，他的思考和行动总是让人出乎意料。英国人以为隆美尔会以常规的方式发动正面进攻，攻打障碍物不计其数的加扎拉防线。然而，隆美尔不会让他的部队去攻打早已有所提防的据点，而只是佯作正面进攻。当步兵一旦牵制住英国装甲兵时，他会亲自率领坦克纵队和机械化师大胆神速地横扫英军的南翼。部队一旦插入加扎拉防线的后方，他马上直奔海边，在英军反扑托布鲁克之前先切断他们的退路。然后将其孤立起来，一个一个地分而击之。他对自己的计划充满信心，命令部队在发起攻势后的第3日攻打托布鲁克。

　　5月26日下午，隆美尔发动了代号为"威尼斯行动"的攻势。下午2时，隆美尔一次诱敌深入的行动在沿加扎拉防线北翼和中心地带的32公里的战线上拉开了。

　　德军的大炮在轰鸣，"俯冲式"轰炸机尖叫着冲向由南非第1师和英国第5师据守的那些"盒子"。战斗工兵匍匐着前进，穿过地毯式的地雷区清除道路。在他们的身后，是4支意大利步兵师和德国第90轻型装甲师的步枪和机枪组成的火力，全部由能干的克鲁威尔指挥。

　　在背后远处，隆美尔部署了一次蔚为壮观的装甲兵大阵容，其实，只有几辆坦克是真的，其他都是模仿得很逼真的放置在汽车上的假装甲车，安装在汽车尾部的飞机发动机搅起阵阵尘土，造成装甲纵队意欲冲来的假象。

　　然而，由于英军情报局"超级机密"小组窃听并破译了德军电报，英国人知道德军的一次进攻战即将到来，所以已做好充分的反击准备。他们的数量优势可以对付隆美尔的优势，不过，仅从"非洲军团"步兵行动来

沙漠烽烟 阿拉曼争夺战

看，还看不出这次大规模的进攻即将进行，而由于下午的一场沙漠风暴，更看不清隆美尔布置的装甲车大阵容。这使得英军指挥官们无法采取必要的行动步骤，把装甲车派上前去迎接假想中的正面进攻。同时，沙漠风暴给隆美尔的主力进攻部队提供了很好的掩护，使之顺利地在加扎拉防线中心地带的对面集结。

26日晚10点30分，隆美尔带领他的庞大车队载着睡眼惺忪的步兵和足够4天用的食品、水和军火开始了行动。在与英军交火之前，隆美尔的纵队得穿越无路可寻的沙漠，需对付沙漠中一夜行军的各种危险。仅一个运动中的装甲师就要占地4平方公里，而5个师同时在黑夜中的沙漠行动，需要复杂精细地协调配合。隐藏在油箱上的车灯可以帮点忙，天上的月光也可以帮点忙。远处，德国飞机扔下的照明弹可以勾画出加扎拉防线最南端的防御要塞贝尔哈凯姆的轮廓。由于及时得到了警告，这几支鬼影般出现的德军纵队与这个要塞保持了一段安全的距离。

5月27日将近黎明时分，在行进50多公里之后，这支没有再遭遇上什么不幸的军队在贝尔哈凯姆的东南部暂停一个小时，休整和补充燃料。

隆美尔和他的指挥官们几乎不敢相信他们的好运，英军没有做出明显的举动来应对其后方的大规模威胁。这使得隆美尔暗想，他的侧翼行动一直未被察觉。实际上，南非的装甲部队一直在悄悄地跟踪隆美尔的部队，并已通过无线电向第7装甲师的总部作了报告。然而，这些报告对英军的指挥阶层没有多大影响，他们仍然以为会有一次正面进攻。

天亮不久，隆美尔的纵队与暴露无遗的英军部队开始交火。德军乘坐卡车和装甲车一路轰轰隆隆地行进，很快向北疾驰，攻占了英国皇家陆军第7装甲师的指挥部。他们甚至还抓获了该师师长弗兰克·梅塞尔韦少将，不过当时并未意识到这一点，因为梅塞尔韦摘掉了他的军衔徽章，于当晚设法逃跑了。

上午九十点钟，德军装甲师在贝尔哈凯姆和艾尔阿德姆之间的半路上遭遇了英军第4装甲大队的大约60辆重型坦克。在德军运来88毫米口径高射炮之前，英军的这些庞然大物发动了3次快速攻击。当德军的大炮向

在埃及沙漠上作战的英军 M3"格兰特/李"中型坦克，在 M4 雪曼中型坦克到达前，这是盟军在北非最优秀的坦克

迎面冲来的英国坦克射出雨点般的炮弹时，德军装甲师咬住英军的侧翼，以协调得很不错的攻击方式摧毁了英军将近一半的兵力。英军的残余部队朝艾尔阿德姆方向撤退，在那里，英国空军报复性地轰炸了德军的第 90 轻型装甲师。

在这次行动中，隆美尔偏爱走在部队最前面的做法取得了很大的收获，可是，这种直接带领部队穿插的做法给指挥带来了很大的麻烦，在他频繁的突袭行动中，有时他甚至会与他的流动指挥所失去联系，从而与他那些分散在四处的地面部队和空军无法联系，它们的调度、派遣全都得靠他的指令，这导致前线指挥所的秩序异常混乱。如果说隆美尔喜欢亲临战场的指挥风格有时候得罪了他的高级官员，那么这种风格却鼓舞了部队的士兵，使他们能够很快感觉到前线变幻不定的局势并及时做出适当的反应。

隆美尔的装甲部队原本呈一个巨大的弧形包围着加扎拉防线，而现在他确定，防止部队被击溃和分解敌军的唯一办法是完成圆形包围。于是，他下令暂时放弃进攻托布鲁克，把分散的部队集中在加扎拉防线中部的后面，从东至西突破雷区，从而恢复自己的供应渠道，以巧妙的一击切断英

沙漠烽烟·阿拉曼争夺战

军的防线。

在贝尔哈凯姆以北大约24公里处，在一片洼地的周围，英军的防守系统好像有一处宽大的缺口，这是隆美尔的部队最惊人的发现。原来在两边地雷已被清除的洼地中间，蜷缩着一个德国侦察机以前不知为什么没有发现的英军据点，第150大队的好几千英国兵在80辆"玛蒂尔达"坦克的支持下驻守着据点。据点里的大炮直接瞄准德意部队的两条通道，以致任何东西要想运过通道几乎不可能。隆美尔义无反顾地要执行他的新计划，所以他下决心要摧毁这座据点。随后的几场战斗是在令人窒息的尘土和灼热中进行的，激烈的战斗使这一地区成了有名的"沸腾的大锅"。

5月31日早晨，"非洲军团"在对英军要塞形成包围圈后，隆美尔命令3个师的兵力发起了进攻。炮兵队发射了一轮又一轮的炮弹，"俯冲"式轰炸机从空中呼啸而下，装甲车轰隆隆地开上前去，第104步兵团的地雷工兵引领战友们穿过了最后一道地雷防线，进入英军据点。终于，英军挥起一面白旗。炮火渐渐平息下来，当天，有将近3000名英军投降，隆美尔通过加扎拉地雷区的生命线现在有了保障。"沸腾的大锅"牢牢控制在手里后，隆美尔挥师南下，攻打贝尔哈凯姆。

守卫贝尔哈凯姆的3600名士兵绝大部分属于"自由法国战线"，由旅长皮埃尔·科尼将军指挥。他是个高个子、蓝眼睛的法国人，被部下称为"老兔子"。隆美尔原指望在24小时之内拿下贝尔哈凯姆，但事实上他被迫花了一周多的时间才如愿以偿，他在日记中这样写道："在北非我很少遇到这样的恶战。"

6月2日，贝尔哈凯姆这个位于摇摇欲坠的加扎拉防线南端的坚固据点再一次抵抗住了来自第90轻型装甲师的大规模进攻。这个据点是英军整个防御工事中地雷埋得最为密集的地区，更有1200个炮台供机枪和反坦克火炮使用。据中点3600名士兵中绝大多数人都有一股抗击敌人的顽强斗志，他们的顽强让步兵指挥员出身的隆美尔感到吃惊。

隆美尔决定亲自指挥攻打贝尔哈凯姆。他分析在这种多地雷的地区，坦克发挥的作用有限，于是决定把大批装甲力量留在"沸腾的大锅"，只带了一些步兵协同已于6月6日恢复战斗的第90轻型装甲师作战。为了给步兵扫清一条道路，隆美尔的炮兵队射出雨点般的炮弹。同时，德国空军出动了几百架次飞机，顶着英国皇家空军的猛烈抗击，轰炸贝尔哈凯姆。

3天过去了，德军的炮击和轰炸几乎没有停过，但防守的英军仍然拒绝放弃。

6月10日，经过数日艰苦折磨的防守，堡垒内的物资储备已消耗殆尽，另外还遭到一支已渗透到他们北侧的攻击小分队的威胁，里奇只好下令放弃贝尔哈凯姆堡。皮埃尔·科尼一马当先，率领他手下3600人中仅余的2700人连夜杀出重围，并与第7师的卡车和救护车大队胜利会师。翌日凌晨，当德军冲进堡垒时，所剩下的仅是伤员和一些丢弃的装备。

而那500名幸存者，由于大多数伤势太重，无法逃离，被迫投降。隆美尔对这支队伍敬佩有加，即使希特勒下令枪毙这批战俘，隆美尔也没有执行这一命令。

与隆美尔的"非洲军团"相比，英国第8集团军不论在人员数量、武器装备还是后勤供应方面都占有绝对优势，然而交战的结果却是英军屡战屡败。高傲的英国人面对失败，却能坦然接受，并且给予对手很高的评价。丘吉尔在下议院对议员们说："第8集团军付出了努力，但他们确实遇到了世界上最强大的对手。抛开我们所遭受的战争灾难不说，隆美尔确实是一位军事天才。"

第三节

"一切为了托布鲁克"

占领贝尔哈凯姆堡之后，隆美尔沿防线挥师北上。6月11日，隆美尔在命令中言简意赅地说道："托布鲁克，一切为了托布鲁克！"为了全歼挡在他和托布鲁克这个港口之间的剩余障碍，他派遣那几支曾围攻贝尔哈凯姆的部队以扇形运动方式开向英军在乃茨布里奇和艾尔阿德姆的据点，同时，命令第21装甲师和"阿里埃特"师从"沸腾的大锅"向东转移。作为回应，英军第8集团军司令里奇撤回了他的左翼。这样一来，被截短的加扎拉防线现在成了一个"L"形状。

隆美尔和以往一样命令一部分德军大张声势地向巴尔迪亚方向推进，做出一副要进攻埃及的样子，一路上，故意弄得尘土飞扬、黄沙漫天，等到英军准备全力以赴地迎击他对埃及的进攻时，狡猾的隆美尔却回马一枪，大部队突然出现在了托布鲁克城下。德军装甲师疯狂地包抄乃茨布里奇据点，使已经在那里顽强地坚守了2个星期的驻军没有什么选择，只好趁还有机会逃走的时候于当晚撤离。乃茨布里奇据点陷落后，里奇的新防线立刻就崩溃了。徒劳无益的坚守使里奇丢失了将近140辆坦克，只给他剩下了70辆，还不到隆美尔的坦克数量的一半。

6月14日，当英军第8集团军南部前线彻底崩溃时，里奇终于命令撤走从一开始就坚守在防线北部的2个师。他的这一命令使英军纷纷逃往安全地带，这便是有名的"加扎拉大逃亡"。

6月16日稍晚时分，隆美尔的部队攻下了里奇损失惨重的防线上的剩余一个据点——位于托布鲁克以南的艾尔阿德姆。第二天，最后一批英国装甲部队在又损失了32辆坦克后，跟随撤退的步兵穿过边境进入埃及。

6月18日，隆美尔的"非洲军团"完成了对托布鲁克的包围。他说："对我们每一个人来说，托布鲁克是英国人抵抗的象征，现在我们要永远地了结此事。"

隆美尔在1941年曾花了8个月的时间也未能攻克托布鲁克，如今，这座要塞只是在表面上还类似于往年。它周围仍然有一道长达48公里的保护屏障，由将近35000名驻军把守着。然而，沟壑已任其淤塞了，许多地雷已移埋到加扎拉防线上去了。1941年，成功抵抗住隆美尔围攻的部队是一批英勇善战的澳大利亚人，而现在驻军的组成力量主要是未经过真正考验的南非第2师，以及在加扎拉战役中已被拖垮的2个步兵大队和1个装甲大队。丘吉尔对托布鲁克的守军下达了最后的训令："一定要不惜一切代价守住托布鲁克。"

隆美尔再次展示了他的军事天分，命令机动部队朝埃及和利比亚边境地区开去，好像要把英军赶入埃及似的。然后，为了迷惑英军，又命令第90轻型装甲师继续向海岸城镇巴迪亚推进，同时，马上命令装甲部队掉过头来，以破釜沉舟的气势向托布鲁克开进。德军于19日晚赶到托布鲁克东南部的战斗地点时，找到了上一次埋藏在那里的炮弹，一颗未丢，且完好无损。

6月20日凌晨5点20分，隆美尔的"非洲军团"在排山倒海的大炮声和空袭声中拉开了进攻托布鲁克的序幕。已经分路到达指定位置的"非洲军团"的装甲部队和意大利的第20军团，在德国海军的助攻下，对这座孤悬已久的濒海要塞发起了猛攻。

在经过激烈的炮火轰炸之后，德军坦克和步兵展开了大规模的协同作战。

南非部队在最后几天里匆忙布下的地雷阵很快被德军轰炸机扔下的炸弹清理出一条通道，德国和意大利步兵蜂拥而上，双方开始肉搏战。

8点30分，隆美尔指挥的第15和第21装甲师的首批125辆坦克轰

沙漠烽烟 阿拉曼争夺战

隆隆地开过了已淤塞的防线沟壑。9时，装甲部队就已渗透进入迷宫似的钢筋混凝土碉堡区，这使隆美尔难得一次这么早就宣告取得胜利，尽管战斗不过才刚刚开始。他叫来一名战地记者，为德国电台记录下这一宣告。他拖长声音说："今天，我们的部队取得了辉煌的胜利，攻占了托布鲁克。"

让隆美尔感到幸运的是，他的部队没有让他白说这番大话。在"非洲军团"的突然打击下，惊慌失措的英军根本组织不起有效的抵抗，到夜幕降临时，英军这座困守了近两年之久的海滨要塞便宣告易手。托布鲁克新任守备司令是南非陆军少将H.B.克洛浦，他和他的33000多名下属高举双手向隆美尔递交了投降书，隆美尔和他的"非洲军团"有效地控制了托布鲁克。

6月21日上午8点，丘吉尔等人在严密的护卫下到达白宫，被安置在宽敞的有空调的房间里，那里的温度约30℃，比白宫其他大多数房间的温度均低。丘吉尔先用一小时的时间阅读报纸和电报，然后吃早餐，吃完早餐后，丘吉尔来到罗斯福总统的书房。不一会儿，一封电报送到罗斯福手中。罗斯福一语不发地把电报交给了丘吉尔。原来托布鲁克陷落了，2.5万人被俘。

英军向德军缴械投降

丘吉尔让人打电话到伦敦询问实情。几分钟后，得到回复：托布鲁克已经陷落，情况恶化，亚历山大港可能即将遭到严重的空袭。

托布鲁克的陷落对英国人来说，无疑是一场灾难，丘吉尔认为这是奇耻大辱，称其为"粉碎性的和令人无法接受的重击"。罗斯福没有责备，也没有过多地安慰，更没有说什么不逊之言，只说了一句："我们将做些什么帮助你呢？"

丘吉尔低沉地说："请给我们尽可能多的谢尔曼坦克，并尽快地把它们运到埃及去。"

罗斯福立即派人去请马歇尔将军来。几分钟之后，马歇尔将军来了，罗斯福就将丘吉尔的要求告诉他。马歇尔回答道："谢尔曼坦克刚刚投产。第一批几百辆已经分拨给我们的装甲部队了，在此之前，他们装备的是落后的坦克。从军队手中要走武器，是非常令人为难的事。不过，如果英国急需，我们一定想办法。"

罗斯福和马歇尔信守承诺，将300辆谢尔曼坦克和100门自行火炮迅速装上6艘美国最快的船只，运往埃及。

知识拓展

◎ 谢尔曼坦克

M4中型坦克（M4 Sherman Tank），是第二次世界大战时美国开发、制造的坦克，又称谢尔曼、雪曼或薛曼。

该坦克虽然在型号上统称为M4，但车身、引擎、炮塔、坦克炮、悬挂、履带等几乎是每种型号就是一种新规格，可说是一部多类形式的坦克。和上述的情况一样，由于美国强大的工业生产力，构成各种规格化的零件有大量生产的可能。生产工厂只从事自己擅长的生产方式，在所有规格化的零件生产完成后，令构成车身的零件有高度的兼容性。谢尔曼坦克是"二战"中产量最大的坦克之一,其产量达49234辆。

前期谢尔曼坦克的火力虽略显不足,但它的坚固、可靠和耐久性却享誉军界。

谢尔曼坦克

在整个大战期间,谢尔曼坦克成为美军坦克力量的骨干。

早期谢尔曼M4、M4A1、M4A2坦克正面装甲厚51mm,56°倾斜;侧面38mm,垂直;炮塔正面装甲厚76.2mm。后期谢尔曼M4A2、M4A3、M4A3E8型坦克正面装甲厚63.5mm,47°倾斜;侧面38mm,垂直;炮塔正面装甲厚89mm。早期型号高2.74米,后期型号高2.97米。

从1942年开始,M4一批接一批地投入使用,以求尽快替换身有残疾的M3。它第一个大显威风的地方是北非战场。当英军撤至阿拉曼,已置身退无可退的境地时,数百辆谢尔曼坦克被火速补充至英国第8集团军。

M4谢尔曼坦克具备许多优点和当时最先进的技术。首先,M4谢尔曼坦克是"二战"中性能最可靠的坦克,其动力系统的坚固耐用连苏联坦克都逊色几分,德国坦克更是望尘莫及。德国虎豹坦克每隔1000公里里程就需要大修一次,且必须运回工厂大修。M4谢尔曼坦克只需要最基本的野战维护就足够了。性能可靠,故障极少,使美军坦克的出勤率大大高过德军坦克。

谢尔曼坦克的生产设计大概也是"二战"中最优秀的。美国研制生产坦克的厂家是通用、福特、克莱斯勒等汽车厂,采用的是亨利·福特倡导的生产线原理,因此能够大批量生产,并且大幅度降低成本。美国"二战"期间总共生产了各种装甲战车287000辆,其中包括近5万辆M4谢尔曼坦克。最有趣的是,谢尔曼坦克的尺寸是参照美国"自由轮"的船舱设计,非常便于远洋运输。看来美军对后勤的重要性理解得非常透彻。

谢尔曼坦克还拥有几项世界领先技术。首先,炮塔转动装置是"二战"中最快的,转动一周只需要不到10秒钟,这使得谢尔曼在近距离坦克战中能够快速反应迅速射击，从而击毁对手。其次，谢尔曼坦克还是"二战"中少数装备了火炮垂直稳定仪的坦克，能够在行进当中精确瞄准目标开炮。谢尔曼坦克的500马力汽油发动机也是"二战"中最优秀的坦克引擎之一，使谢尔曼坦克具有47公里的最高公路时速。这些优点都很有助于机动作战。

谢尔曼坦克在道路或野地都能保持较高的速度。在野地行走时表现不俗，在沙漠上，谢尔曼坦克的橡胶履带表现良好。即使是在意大利的多山环境下，谢尔曼坦克依然能够通过很多德国坦克所不能通行的地形。

但是谢尔曼坦克还是有其十分突出的缺点：一、火力不足以对抗德军新式坦克。二、车体高大，增加了中弹的面积

1942年春天，谢尔曼坦克首次出现在北非战场。当时隆美尔的"非洲军团"装备的坦克主要为三号坦克以及少量四号坦克，其中三号坦克是"非洲军团"中数量最多的型号，但只能在500米以内击穿谢尔曼坦克的装甲。于是谢尔曼坦克拥有无可置疑的战场统治权，英军在阿拉曼战役中大量使用。战役以后，隆美尔写道："敌方的新式谢尔曼坦克，比我们所有的型号都要先进。"实际上，在北非战场上德国只有少数几种能在1000米以外从正面击穿谢尔曼坦克装甲的武器，如虎式坦克、Pak40反坦克炮和四号F2型坦克。

此外，谢尔曼坦克的绰号也很有趣。由于汽油发动机非常容易起火爆炸，谢尔曼坦克获得了"朗森打火机"的绰号，因为，这个打火机的广告词是"一打就着，每打必着"。

丘吉尔与罗斯福会晤后，立即回到了英国。

托布鲁克沦陷得太快了，英军只来得及毁掉很小的一部分供给品，留下了大量的燃料和2000辆各种不同类型的机动车，这对于在上个月损失掉几百辆坦克和无数其他运输工具的"非洲军团"来说，无疑是一笔不小的补偿。除此之外，还有偶然得到的无以计价的众多物品：香烟、白面粉、听装食品，在中立国葡萄牙购买的德国啤酒、崭新的卡其布制服以及隆美尔的部下非常羡慕的沙漠靴。隆美尔的情报官，少校弗雷海尔·冯·梅兰欣曾得意地写道：

在这场我所见到的最为壮观的攻击战中，我们的飞机俯冲轰

沙漠烽烟 阿拉曼争夺战

炸英国人的环形防线。在我们的攻击下，英国人据点上空烟尘滚滚。当我们的飞机俯冲轰炸时，整个德军和意军炮兵也都加入进去，这是猛烈的、精心配合的火力网。大炮和轰炸机加在一起的威力是极其可怕的。

隆美尔望着被硝烟笼罩着的城堡，微笑着对沮丧的英军被俘军官们说："先生们，你们像狮子一样战斗，但却被蠢驴们统率着，这不能不说是你们的不幸。"

1942年6月22日，希特勒为了奖赏隆美尔的英勇善战，特授予他陆军元帅军衔。当他接受元首授予的军衔后，他这样对他的妻子露西说："我宁愿他多给我一个师。"

被鲜花和荣誉所包围的隆美尔，按理应见好就收，坐享其荣。可好斗、倔强的个性，使他不忍放弃目前良好的作战态势，他企图深入埃及腹地，以更为显赫的战功给崭新的元帅徽章添光加彩。

他自信地给德国非洲装甲集团军颁布命令："在长达4个星期的苦战中，你们忠勇可靠，使敌人不断受到打击。你们的进攻击败了敌人准备发动的进攻，使他们的装甲车辆损失殆尽。非洲装甲集团军的勇士们！现在我们必须彻底打垮敌人，跨过美丽的尼罗河，占领整个埃及。"

听到这个消息后，英国上下一片恐慌。

第五章

视死如归守阿拉曼防线

得以喘息的隆美尔再次选择了主动出击,他计划采用"闪电战"的推进方式直接进攻阿拉曼防线。英军的猛烈炮火从四面八方袭来,一颗炮弹在离隆美尔乘坐的小汽车仅6米的地方爆炸,猛烈的气流将他掀出车外,他手下的人不得不在密集的炮火下发疯似的挖坑。

第一节

梅沙马特鲁战役

隆美尔要想进攻埃及，首先需要说服他的上司们改变他们原来的计划。最高统帅部大本营原来的计划是在4月下旬制订的，要求非洲装甲集团军在跨过边界进入埃及之前先停顿下来，这样德国空军可以从沙漠战斗中抽身出来，支持对马耳他岛的空中打击。德军在1942年4月的一系列空袭已使该岛就范，空袭一旦停止，驻扎在那里的英国空军和海军就会很快恢复元气。

从马耳他基地起飞的英国空军小分队又击沉了给隆美尔部队运载供给品的船只，使轴心国部队再一次感受到汽油和弹药的短缺。德军陆军元帅凯塞林在隆美尔的名义上司意军巴斯蒂柯元帅的支持下，敦促隆美尔停止追击英国第8集团军，命令德军按原计划攻占马耳他岛。

然而，隆美尔一心想抓住眼前难得的良机，坚持认为对马耳他岛的进攻应该往后拖一拖，这样德国空军就可以支持他占领埃及的计划。隆美尔争辩道："任何延误都会给英国人腾出时间恢复元气。"凯塞林同样坚持自己的主见，支持他的意大利指挥部和德国海军官员。争论进行得非常激烈，两位指挥官都不让步。最后，隆美尔派1名副官前去柏林寻求希特勒的支持，最终获得成功。

1942年6月22日，隆美尔命令刚刚攻克托布鲁克的装甲军团挥师东进，跨过埃及边境的铁丝网，向着英军从海边一直延伸到盖塔拉低地的阿拉曼防线疾驰。

6月23日，英军第8集团军在梅沙马特鲁附近构筑了一道新防线。

6月23日晚，隆美尔的"非洲军团"先头部队的坦克和卡车轰隆隆地开过边界进入埃及。隆美尔当晚给他的妻子露西写信："我们的行动已经开始了，希望很快实现下一个伟大的目标，现在的主要问题是速度。"

6月25日，"非洲军团"先头部队抵达海滨城镇梅沙马特鲁。因推进速度太快，先头部队很快就用光了供应的物资，第21装甲师的坦克通过虹吸管抽干供应车的燃料才得以前进，却使供应车无法动弹。装甲部队最终不得不停下，遭受英国空军的狂轰滥炸。

6月25日黄昏时分，中东英军总司令奥钦莱克到达梅沙马特鲁，解除了里奇对第8集团军的指挥权。里奇曾是一位出色的参谋人员、品格坚毅的军长和前中东英军总司令的副参谋长，深受奥钦莱克的信任和赏识。奥钦莱克曾力荐他任第8集团军司令的，但面对当前的局势，又不得不亲自解除其职务。

奥钦莱克回想起在托布鲁克失守的第二天，他来到第8集团军司令部，令他感到震惊的是，面对失败，里奇和他的司令部成员变得麻木不仁，失败的情绪在司令部四处弥漫，奥钦莱克觉得，照这样下去，第8集团军必败无疑。第8集团军是英国在中东的柱石，如被歼，英国就会丧失对埃及乃至整个中东地区的统治，并使苏联的南翼暴露在德意部队进攻面前。于是，奥钦莱克决定这场梅沙马特鲁战役由自己亲自指挥。

奥钦莱克对第10军军长霍姆斯说："最令我担心的是梅沙马特鲁的部队会被包围，所以我命令你，霍姆斯将军，任何情况下都不能被围困在梅沙马特鲁，里奇将军下达的死守梅沙马特鲁的命令从现在开始作废。如果战斗进展不顺利，第8集团军马上撤向阿拉曼。"

随后，奥钦莱克同士兵同吃同住。他把英国和英联邦国家军队部署在一条战线上，这条战线从地中海边的梅沙马特鲁向西南方向延伸了32公里，一直到一个名叫西迪哈姆扎的悬崖边上。同时，他命令英军在阵地前面布置了成千上万颗地雷。

尽管隆美尔的"非洲军团"在人数和坦克上都有优势，但他依靠的仍

沙漠烽烟 阿拉曼争夺战

然是他擅长的战术——速度、机动和突然袭击。不幸的是，正是这种快速作战导致实力不济的德国空军无法在沙漠里快速建立起前沿基地，以提供有效的空中掩护。即便这样，隆美尔还是于6月26日下午发起了攻击。

德军第21装甲师和第90轻型装甲师进攻英军防线的中部，他们惊奇地发现击中的正是英军防线的薄弱地带。奥钦莱克以为德军会进攻两翼，并在那里形成包围圈，从而切断同盟国的军队。于是，奥钦莱克把他的大多数兵力部署在两端防线上。在北边，他布置了印度第10军，由英国第50师和印度第10师组成；在南边，也就是悬崖边，驻扎着第13军的2个师，他的机动部队第1装甲师和安插在他后边的第2新西兰师、第7装甲师的2个大队协同防守。

德军一路横扫挡在他们面前的小股分队，直插英军腹地。第90轻型装甲师向北攻击海岸公路，第21装甲师向东南方向推进。

6月27日，隆美尔亲自率领只剩下23辆坦克和600名疲惫不堪的步兵的德军第21装甲师绕至新西兰师背后，在尚不知这里有整师的敌军的情况下贸然发起进攻，结果像撞在了石墙上一样毫无进展。入夜，第21装甲师处境危殆，东、西两面都处在英军坦克部队的威胁下。战至次日凌晨5时，双方均损失惨重。

6月29日早晨，德军第90轻型装甲师攻占了梅沙马特鲁，标志着隆美尔的"非洲军团"在两周多的时间里取得了两次大捷。当时，所有没被抓获的英军士兵都仓皇地向东北方向逃跑。德国人抓获了近8000名俘虏，还缴获了大量的武器和供给品。隆美尔在给妻子的信中表现出了极度的喜悦：

> 现在，梅沙马特鲁战役也已取得了胜利，我们的先头部队离亚历山大只有200公里了。我想，最糟糕的日子已经远远地被我们抛到了身后。

持续几周的激烈征战使隆美尔手下的"非洲军团"筋疲力尽。他们是多么渴望在湛蓝的海水里游游泳，放松一下紧张的神经，然后再美美地睡上一觉。然而，战争是残酷的，隆美尔不允许他们有丝毫的懈怠和停歇，他始终坚信，在英军获得增援部队和新的武器装备之前，应该彻底将其击败。

就在"非洲军团"占领梅沙马特鲁的当天，隆美尔命令乔治·布里尔上尉带领的第606高射炮分队组成一支战斗小组开向亚历山大，一直要开到郊区时才能停下。他告诉布里尔："等我明天赶到时，我们一起到开罗去喝咖啡。"布里尔服从地向前开去，一路没有遭遇到大的抵抗。

到6月30日时，布里尔指挥第606高射炮分队推进到距离亚历山大只有80公里的地方，靠近了一个名叫阿拉曼的小村庄。

一眼望不到尽头的卡车和坦克在海岸公路上隆隆行进，扬起的滚滚沙土，把一切都笼罩起来。车辆两旁，三三两两的士兵跟随前进，他们灰头土脸，衣衫不整，但秩序还算井然。英军列兵古迪夫身旁的一辆指挥车上传来伦敦BBC的广播："英国第8集团军已放弃梅沙马特鲁，向阿拉曼防线撤去。"

"嗨，中尉，听，我们撤退了。"古迪夫兴奋地拍了拍马斯中尉的肩膀，紧跑几步，竖起耳朵继续听。

"该防线起自地中海，延伸64公里至卡塔拉盆地的盐碱滩，堪称'沙漠马其诺防线'。在这种独一无二的沙漠地带，没有开阔的翼侧可供隆美尔迂回其装甲部队。'沙漠之狐'隆美尔必将在阿拉曼这个铜墙铁壁面前碰得头破血流……"

指挥车开远了，古迪夫充满稚气的脸上满是欢乐。"听见了吗，阿拉曼战役肯定是我们在沙漠里的最后一仗了，多好啊，战争一结束，我就要回到苏格兰看妈妈去了，我到这里甚至没得及跟她告别呢。"

马斯听着，黯然一笑，没有回答。

"哎，司令你说，阿拉曼防线是不是很坚固、壮观，条件能好一些吧？"古迪夫显然还沉醉在幻想中，不停地问着。

"小伙子，不要太天真了，"中尉一撇嘴，"那里同我们以前的几道沙漠防线一样,不过是片空无人烟的沙漠而已。"

看着古迪夫一脸茫然的样子,马斯笑了,友好地拍拍他,说:"好了,不要想太多了,你的任务就是保存自己,消灭敌人。其他的事儿都是司令应该考虑的。"

第二节

阿拉曼防线阻敌前进

关于英国第8集团军向阿拉曼防线撤退的广播，隆美尔也听到了。对此，他深信不疑，英军肯定要在阿拉曼决一死战了。于是，隆美尔决定将进攻时间推迟24小时，以便他的"非洲军团"能准备得更充分一些。他也许没有想到的是，正是他的这个决定给奥钦莱克和他的军队赢得了难得的一天时间，此时此刻对于奥钦莱克来讲，时间甚至比坦克更重要。

奥钦莱克用这点时间加强了阿拉曼的阵地工事，还调来了更多的部队。阿拉曼的防御阵地起自阿拉曼车站，直到南面的卡塔拉盆地。这是一道很长的防线，有64公里长，也是由一系列被英国人称为"盒子"的据点组成。同时，设置有由铁丝网紧紧包围着的地雷区，还有钢筋水泥做的碉堡、防空洞和土木工事。这道防线从蔚蓝色的地中海向南延伸到一片怪石嶙峋的山地，这里是卡塔拉盆地的边缘地带，在海平面208米以下，重型车辆根本无法通过。这使得阿拉曼防线不可能遭到侧翼包抄，隆美尔就算再怎么神奇也只能从中间穿过。为了万无一失，奥钦莱克命令第10军军长霍姆斯到后方组织尼罗河三角洲的防御。

6月30日晚，奥钦莱克电告伦敦，预计德军的主攻方向在阿拉曼与卡塔拉之间地带，所以英军配置在中央靠右的地域以对付德国人的进攻。同时，他电令各部队："集团军司令预计今晚敌人没有进攻的话，必定会在明天早晨发动攻势，兹命令所有部队从今晚半夜起准备应战。"

与此同时，隆美尔得知其他部队赶上布里尔的战斗小组后，准备用他在梅沙马特鲁取得成功的那套作战方案来组织一次新的攻势：第90轻型装甲师在意大利第13军的协助下，直插英军在阿拉曼以南的第30军防线，随后转向北边切断海岸公路，封锁英军的撤退路线；在南边，德军和意军第20军攻击由英军第13军据守的防线中部，并扰乱它的后方；在德国侦察部队的帮助下，"利托里奥"师伴攻南边，以迷惑英军。

隆美尔将开战时间定在1942年7月1日凌晨3点。

7月1日凌晨3时，德军第90轻型装甲师的士兵登上由卡车组成的宽阔的队形，向阿拉曼发起进攻，目标直指英军防线的右翼。按照计划，他们突破这一地段后，将向北直扑海岸，截断阿拉曼的英军。

这消息像野火一样很快在整个亚历山大港燃烧起来，引起阵阵骚动和不安。英国海军奉命撤出亚历山大港前往塞得港和海发港。此时正在开罗的英国战地记者阿兰·莫尔埃德记下了开罗的动荡场面：

> 开罗的街道挤满了从亚历山大和乡村撤退来的汽车和从前线回来的军用运输车。英国领事馆被申请去巴勒斯坦签证的人围得水泄不通。开往巴勒斯坦的列车也拥挤不堪。长长的船队正驶往巴勒斯坦。没有作战任务的部队奉命立刻撤退。驻埃及的美军司令部的部分人员夜间撤往喀土穆和阿斯马拉。南非志愿为战争服务的妇女纷纷登上南去的列车，一些南非军队的士兵紧随其后。英军的妻子和家庭被告知做好立刻撤退的准备——一些人将被送往巴勒斯坦，其余的上停泊在苏伊士运河上的船只。

然而，这不过是一场虚惊。一场沙漠风暴使"非洲军团"迷失了方向。德军第90轻型装甲师像无头苍蝇一样闯入英军防御阵地，右翼南非旅的猛烈火力铺天盖地而来，打得德军抱头鼠窜、溃不成军。

与此同时，德军第15和第21装甲师在南边的德尔据点遭遇了未曾料到的猛烈抵抗。经过残酷的战斗，毫无作战经验的第18印度大队全军覆没。在战斗中，德军坦克遭到英国空军的重创，后来又遭到英军反坦克大

在阿拉曼防线上的英军

炮的轰击，损失惨重。隆美尔不得不投入仅有的一点后备队，并亲自驱车上阵，重新组织进攻。

在隆美尔的威逼下，德军向阿拉曼以东发起冲锋，英军的猛烈炮火从四面八方袭来，一颗炮弹在离隆美尔乘坐的小汽车仅6米的地方爆炸，猛烈的气流将他掀出车外，他手下的人不得不发疯似的挖坑，以便把身子藏起来。在此后的3小时里，隆美尔一直躲在这坑里动弹不得，也无法下达命令。接着一场大雨倾盆而下，泥泞的道路使他们的车辆无法开动。不久，无休无止的空袭也随之而来了。

德装甲集团军作战处处长梅林津写道：

> 到了7月1日，我们的胜利前景已化为泡影。我们只有以巧妙的机动来战胜敌人，但实际上我们已经陷在一场消耗战里。

此时的中东英军总司令奥钦莱克已与以往判若两人。过去他一面对前线的作战进行遥控式指挥，一面还要对付叙利亚、波斯潜伏的危险。现

沙漠烽烟·阿拉曼争夺战

在，德意部队已打到了开罗的大门口，奥钦莱克几乎将全部精力都贯注到对阿拉曼防御的作战指挥上。他亲临前线，因情定策，果断用兵。

在英国空军的打击下，隆美尔的"非洲军团"仅剩下37辆坦克，而第90轻型装甲师只剩下正常兵力的1/6。到了这个时候，隆美尔仍然命令这个师重新发动进攻。天亮后不久，第90轻型装甲师疲惫不堪的步兵在没有任何炮火掩护的情况下，开始了一次新的进攻，但仅仅前进了一小段就被英军势不可当的炮火和机枪扫射挡住了。隆美尔知道，部队已经失去了强劲的势头，但他仍然决定继续前进。

7月2日，英国议会大厦内像个混乱的菜市场。议员们三三两两地聚集在一起，窃窃私语。在后座席位上，保守党人士、财政委员会主席沃德洛早早地就在那等待了。他对自己发起的这项不信任动议充满自信。在轮到他发言时，毫不客气地说：

女士们，先生们，我首先要说的是，这项动议并非指向在战场英勇作战的官兵们，而是明确指向我们的政府。大家应该清楚，目前为止，我们的军队已经遭到了一连串的失利和溃败。在北非，托布鲁克失守，政府却没有给我们做任何解释。我认为，失败的原因主要在我们的内阁，最关键的错误就是让首相兼任了国防大臣。

他这开门见山的动议把大家的目光都吸引去了，这不禁使他心中暗喜，接下来的话当然说得更有底气：

我们必须选举一位有能力的专职人员担当参谋长委员会主席，我们需要的是一个有魄力而不受任何方面牵制的人来任命军队的将领。我们之所以屡次失败，从根本上讲是由于我们一向尊敬的首相缺乏对国内事务的细致审查，也由于缺乏从国防大臣或其他掌管军队的官员那里得到有用的指示……

沃德洛的话本来已得到了一些议员们的认同，但接下来他突然冒出这么句："国王陛下如果同意，任命格洛斯特公爵殿下出任英军总司令，一定会得到大家的认同。"

本来平静的议会大厅里突然一片哗然，议员们最讨厌的就是把王室牵涉到引起严重争执的责任当中来，这是这个民主制国家所不能容忍的，他们再也不想听这位愚蠢的人讲下去了，沃德洛几乎是被叫喊声赶下台去的。

接着由一名工党议员发言，他的意思大概就是说政府对军事指挥干涉太少了，这与以"首相不适宜干涉军事指挥"为由，提出的不信任动议大相径庭、互相矛盾，导致工党内部的议员之间互相指责起来。

早在6月21日丘吉尔与罗斯福会晤时，便得知托布鲁克失守的消息。当他迫不及待地飞回英国时，他的私人秘书佩克告诉他："国内情况不容乐观，还是要把问题考虑得严重一些为好。"

丘吉尔神色凝重地对佩克说："保守党这边情况怎么样？"

"离您的选区不远的埃塞克斯选区的议席以前稳操在保守党议员马尔登手中，现在这位被正式提名的候选人已败下阵来，席位已落入左翼无党派候选人汤姆·德雷伯格手中。另外，保守党比较有势力的议员约翰·沃德洛提出一项动议，明确表示对中央有关战争的指挥工作不予信任。"

丘吉尔气急败坏地说："实在不行，就让下议院再举行一次信任投票。"

佩克放缓了语气："首相，您知道，在托布鲁克沦陷前不久曾经举行过一次信任投票，现在再要求下议院投一次，恐怕不太合适。"

丘吉尔轻轻地挥了挥手："行了，我清楚，托布鲁克失守自然会引起他们对政府的不满，但我会处理好的。"

今天这样的局面当然对丘吉尔是有利的，他本来有些紧张的脸上渐渐泛出了一丝笑意。

丘吉尔早就料到会有今天的不信任动议。经过两天的激烈争论，终于轮到丘吉尔开始答辩了。他沉着老练、胸有成竹，相信自己一定能够渡过

难关。在这里,他又一次向众人展示了他那无与伦比的智慧和口才:

> 目前,我们正在为我们的生存而战,为比生命本身更宝贵的事业而战,我们无权设想我们一定能够胜利;只有我们恪尽职守,胜利才是必然的。严肃而建设性的批评,或者在秘密会议中的批评,均有很大的优点;但是,下议院的责任在于支持政府,或者更换政府,如果下议院不能更换政府,就应当支持它。在战时,没有什么中间方案可以执行。
>
> 我是你们的公仆,你们在愿意时有权来解除我的职务。你们没有权力做的是,要求我负起各种责任而又不给我有效行动的权力,要求我担负起首相的责任,却又如同那位尊敬的议员所说的那样"在各方面受到权威人士的钳制"。
>
> 我可以证明,在全世界,在美国,在苏联,在遥远的中国,在每一个遭受敌人践踏的国家,我们所有的朋友都在等待着,看看在英国是否有一个坚强团结的政府,英国的国家领导是否会遭到反对。如果那些攻击我的人减少到微不足道的比数,而他们对联合政府所投的不信任票转变成对这一动议的制造者们的不信任票,毫无疑问,英国的每一个朋友和我们事业的每一个忠诚的公仆都会为之欢呼!

丘吉尔演讲完,下议院举行了表决,沃德格的不信任动议被击败,丘吉尔永远记住了这危急的一天。1942年7月2日,这一天,他以自己的坦诚和威望赢得了大家的信任。然而,只有他自己清楚,这样的结果是多么地来之不易。

当丘吉尔在伦敦为自己的职责苦斗时,隆美尔和奥钦莱克在北非正陷入僵持局面。在丘吉尔眼中,阿拉曼防线暂时守住并不能同加扎拉防线失守、托布鲁克沦陷相提并论。当议员们用锐利的目光、犀利的语言攻击着这位屡败屡战的首相兼国防大臣时,丘吉尔只能把全部责任推到奥钦莱克将军身上。

同一天，隆美尔命令装甲部队重新发动进攻，他们的目标是抢占鲁威萨特山梁，这是沙漠中耸起的一片长达3公里的高地，就在德尔防线的东边。在英军第1装甲大队的坦克和大炮西侧，德国的两支装甲师没有多大进展，甚至还遭到了反攻，只是英军反过来又遭到"非洲军团"88毫米口径高射炮的打击。在南边，意军"阿里埃特"师试图推进，但受到阻止，结果变成了一次意军的大溃退。

7月3日，隆美尔命令整个"非洲军团"全速向前推进，效果依旧甚微。这些疲惫不堪的德军士兵如一个个梦游者，已经丧失了知觉。当隆美尔集中德军第90轻型装甲师和意大利"塔兰特"师向阿拉曼的支撑点实施向心突击时，奥钦莱克派出装甲部队进行阻击。这天下午，猛虎般的新西兰师与意军最有战斗力的"阿里埃特"师相遇，新西兰师的步兵们上起刺刀，发起勇猛的冲锋。该师第19营在向"阿里埃特"师侧翼突击时，缴获了28门大炮，俘虏意军400人，其余意军扔下武器，"惊慌失措地逃跑了"。

7月3日，隆美尔写信给妻子露西：

> 为了突破亚历山大港前这最后一道防线，我们已拼命打了几天了。几天来，我整天位于前线，住在车辆里或蹲在地坑里。敌空军威胁太大。

同日，隆美尔致电德国最高统帅部，被迫承认自6月中旬开始的追击已"暂时"结束。隆美尔的部队已筋疲力尽，只剩下12辆坦克。不过，他想只要几天内补给跟上来，他又可以前进了，而且就像拿破仑一样到达金字塔。

在这段隆美尔预想中的"休整期"内，奥钦莱克决心使隆美尔对金字塔可望而不可即。他发动了一系列反攻，战场的主动权就这样落到英军手中。

沙漠烽烟 阿拉曼争夺战

从此，德意军与英军展开了拉锯战。奥钦莱克不断向敌人发起进攻，尤其是进攻意大利军。

7月9日凌晨，隆美尔被一阵雷鸣般的炮声惊醒。他立即有一种不祥的预感。这是野战炮的炮声，这种连续爆炸的炮声自第一次世界大战以来他再也未曾听到过。爆炸声就在他的司令部以北40英里的地方。英军向海岸附近的两个山脊发起了突然的袭击。这两个山脊目前正由意大利军把守。

隆美尔立即让德军主力赶赴支援。他命令所有的机动部队都去堵住缺口。可惜的是，他们赶到时，人心涣散的意大利"萨布拉塔"步兵师已经后退了6000米，真正抵抗英军的却是由一个叫西波姆的上尉指挥的德军无线电侦破连。

在激烈的战斗中，西波姆阵亡了。他和他的整个连队全军覆没了。

隆美尔得知情况，震痛不已。这对他和他的非洲装甲军团来说是一个可怕的打击。西波姆上尉指挥的这个训练有素的无线电侦破连，几个月来，一直给隆美尔提供着大量的准确无误的情报。他们的消失，使"非洲军团"变成了"瞎子"和"聋子"。他们密码车和收集的敌军作战命令全部都被英军缴获，这在今后的几个月里将给德军造成无法估量的损失。英军必定会更换密钥，改变方案，而这些密钥和方案又不为德军所知。

第二天，澳大利亚师向两个山脊之中的一个据点发动了猛烈的攻击，中午之前他们成功地占领了这个山脊。守卫这个山脊的意大利"塔兰特"师望风而逃。

隆美尔意识到，英军的这些有限进攻给他带来了极为严重的战术后果——使德军装甲部队失去平衡，并把"非洲军团"进攻用的库存汽油和弹药耗尽了。

"俾斯麦将军，我不能让意大利这头蠢驴把我们的家当一点点耗尽，不能再等了。现在，我命令你于明日中午向英军防线发起进攻！"隆美尔把第21装甲师师长俾斯麦叫到办公室，指着墙上巨大的阿拉曼地图说，"你的任务是切断阿拉曼那个防御坚固的'盒子'，然后予以突破，进而将其全部摧毁。将军有什么问题吗？"

"我担心难以通过敌军大炮这一关。"俾斯麦小心翼翼地说。

"你放心，这就是我选定中午发动进攻的原因。这时沙漠上一切东西的轮廓都在强烈的阳光的照射下和高热中闪烁和融化，再好的炮手也无法瞄准目标。还有，我已同空军指挥官瓦尔道说好，在你发起进攻的同时，我们的轰炸机将对敌军的炮兵阵地进行猛烈轰炸，为你扫除障碍。"

7月13日，德军第21装甲师遵照隆美尔的命令开始行动。德军轰炸机一通狂轰滥炸将英军的炮兵彻底打垮，第21装甲师的坦克开始前进。突然，一阵古怪的旋风在灌木丛中旋转，转瞬间变成时速113公里的风暴，滚烫、细小的黄沙铺天盖地地卷过沙漠，第21装甲师很快就被吞没了。

隆美尔来到前线，他想掌握战斗的整个进程，可惜他什么也看不见。直到下午5时，隆美尔才获悉装甲部队在卡萨巴以南的一个高地停止不前，同时空军也在等待下一步的指示。

下午6时30分，德军轰炸机发起第二次攻击，第21装甲师的坦克又开始向前推进。此后，战斗被分成了零碎的小块。晚上8时，隆美尔打电话给空军指挥官瓦尔道，情绪有些激动："装甲师将在轰炸机的出色掩护下直插敌军的防线。"然而，第21装甲师一个步兵营的战斗日记描述并非如隆美尔所说：

> 我们正好在敌军的铁丝网前面，由于没有适当的工具，开辟道路的工作毫无进展，只有少数地雷工兵有钢丝钳，为我们清出了一条狭窄的小路。这时差不多已是黄昏了，战场只是靠摇动闪烁的火焰和苍白的月光照亮。随后我们的坦克突然掉转了方向，难道是弹药或者汽油耗完了？我们什么都不清楚。

13日夜，隆美尔难以入眠，两眼失神地望着前方。参谋长拜尔林推门而入，轻轻走到他的身边："司令，第21装甲师来电，请求撤退。"说着，他把一份电文放在隆美尔面前，隆美尔无精打采地瞟了一眼：进攻终于失败了。

隆美尔的表情越来越难看，终于，从紧绷的嘴里蹦出几个字来："我对这次进攻所抱有的全部希望，都令人悲痛地幻灭了，这千载难逢的机会却让他们错过了。"

夜里，英军开始反攻了，没用多久，意大利的两个师就崩溃了。

隆美尔后来在给妻子的信中这样写道：

敌人正在把意大利军队一个接一个地吃掉，这样一来，我们德国军队的力量将会变得极为单薄，从而无法抵御他们的进攻，为此我真想痛痛快快地大哭一场。

隆美尔对阿拉曼防线的进攻确实是失败了，连他自己也不得不承认这一点。他承认奥钦莱克"对于兵力的运用颇有技巧，从战术水准上来说，是要比里奇高明多了"。

当隆美尔得知英军放弃了防线南部的卡雷特拉布特据点时，果断下令第21装甲师和意军"利托里奥"师占领这一地区。让人想不到的是，英军突然撤出了这一重要地区，这无疑给了隆美尔一次难得的机会，可以直捣他认为已快崩溃的后方。然而，当英军的大炮开始向前线靠海的那一端轰击时，一切开始明朗起来。

奥钦莱克已把主力转移到北边，希望先击败那里相对软弱的意大利军队，可见，意大利军队"豆腐渣"名声有多响，以至意大利军队出现在哪里，什么军队都可以"虐虐"它，耍耍威风。

果然，随后，澳大利亚第9师的老兵们从阿拉曼附近的掩体里冲了出来，向西发动攻击，战胜了意大利的"萨布拉塔"师，沿着海岸公路一直把这支部队追到特勒艾莎高地，并占领了该高地。疯狂逃命的意大利官兵乱作一团，跑进了前线后面几公里的德军指挥所。隆美尔的参谋官梅伦廷少校把这一情景描述为"最后的恐慌与溃退"。

澳大利亚第9师消灭了隆美尔最关键的情报部门——在监听同盟军通

信信息方面一直表现卓越的信号窃听部。该部的指挥官和他的大多数部下阵亡，他们的密码本及其他装备也被毁掉了。

7月14日，隆美尔下令再次发起进攻，他的意图仍然没有变——穿过澳大利亚军队在特勒艾莎的突击部队，抵达海边。一阵猛烈的空中打击后，澳大利亚步兵在火炮的配合下再一次将德军打了回去。接下来的时间里，战场优势在同盟国军队和轴心国军队之间来回转换。后来，奥钦莱克将注意力转向防线的中部，集中优势兵力围歼战斗力不强的意大利军队，从而使非洲装甲军团孤军奋战。后者力量太薄弱了，不足以独撑危局。很明显，英军的这种战术成功地将隆美尔推到了非常被动的状况。耗尽了人员、弹药和物资的隆美尔，已经没有能力再向补给充足的英军发动任何大规模的进攻了。整个战局开始发生变化了，英军已经转入进攻，而隆美尔则陷入了苦苦防御的境地。

7月16日下午，南线总司令凯塞林元帅陪同意军总参谋长卡瓦利诺将军来到隆美尔的司令部。隆美尔强压住心头的恼怒，向他们抱怨说，补给困难是造成装甲军团被动局面的主要原因。卡瓦利诺对此却不置可否。很明显，他更倾向于认为正是隆美尔的指挥失误才造成了今天的这种局面。面对卡瓦利诺的冷笑，隆美尔再也压抑不住心中的怒火了，他冲着卡瓦利诺大发脾气，并威胁说，如果意大利的后勤补给再跟不上的话，他将再也无法控制北非的战局了。

在凯塞林的调停下，卡瓦利诺最后同意直接用驳船将物资运到前线，并尽快修复被英军炸断的铁路，还答应增援意大利军队。隆美尔心里十分清楚，他的许诺只不过是镜花水月，况且，调来再多的意军也只不过是让英军多建几个战俘营罢了。

随后的四天中，隆美尔和英军都没有什么太大的动作，前线显得出奇的平静。隆美尔不停地在前线巡视，指挥士兵们埋设地雷和修筑工事。他知道，眼下的平静只是暴风骤雨来临的前奏。侦察情报表明，英军正在防线的中央地带集结坦克和炮兵。

第三节

"非洲军团"的喘息之机

此时的奥钦莱克成为英国最耀眼的明星,就连对手隆美尔都对他称赞有加。然而,正当奥钦莱克率领第8集团军与隆美尔展开血战并获取胜利的时候,有一个人却对他大为不满,这个人就是英国首相兼国防大臣丘吉尔。丘吉尔尽管用一次次才华横溢的雄辩保住了他的位置,然而所遭受的讽刺和嘲笑无法让他平静,他太需要一场至关重要的胜利了,需要胜利鼓舞英国上下的士气、提高英国的国际地位。

然而,北非的将军似乎都无法完成这个任务。丘吉尔甚至产生了这样一种离奇的想法:"如果隆美尔是联合王国的元帅该多好啊。"转念一想,这种假设太幼稚可笑了,就在刚才还有一位议员指责英军的失败完全在于军队那种按部就班的僵化思想:"在我们国家,人人嘴边都流传着这样一句话:如果隆美尔在英国军队服役的话,那么他现在仍然还是一名下士。"

北非阿拉曼前线。

得到了喘息之机的隆美尔稍稍高兴了一点,他让自己尽情享受了两次海水浴,然而,水温太高,根本感觉不到凉意。天气实在是热得不行,再庄重的人也难免要不拘小节了,隆美尔穿上自己略有些长的短裤,慨叹道:"要是我也能像凯塞林那样飞回元首大本营该有多好。"但是,他必须面对现实,他还在北非。

北非英雄奥钦莱克显然不清楚伦敦的态势对他会产生多大的影响，他完全是在按照自己的计划指挥部队作战。这次进攻的目标很明确，即不遗余力地摧毁隆美尔的装甲部队。

7月21日晚10时许，黑夜的沉寂终于被隆隆的炮声打破，奥钦莱克将军更为猛烈的空袭开始了。在坦克的掩护下，英军步兵采用"人海战术"，一波波地冲击德意军队的防线。密集的炮火震耳欲聋。一个新西兰旅趁着夜色的掩蔽从南面插进了埃及沙漠中央一处浅碟似的洼地。"非洲军团"指挥官瓦尔特·内宁将军决定歼灭这股狂妄之敌。

22日凌晨，内宁命令德军一个装甲团连续前进3个小时，完成了对这片洼地的包围。步兵营的机枪手已埋伏在坦克的背后。4点一过，内宁将军的信号弹划破长空，拖着灿烂的尾光，把整个阵地照得通明。高爆炸力的炮弹雨点般地落在敌军人群中。新西兰旅乱作一团，死亡1000余人，大批装备落入"非洲军团"手中。

奥钦莱克为了报复德军的这次"得手"，于第二天从东面投入了100辆坦克，向德军阵地发起了大规模的进攻。上午7时30分，他们突破了隆美尔的布雷区，势不可当地冲到了德军战线的后方，德军单薄的步兵阵地亦被突破。隆美尔的"非洲军团"眼看就要被英军包了"饺子"，好在接替受伤的俾斯麦指挥第21装甲师的布鲁尔上校在这个危难时刻拯救了整个军团。他堵住后逃的意军步兵，命令他们返回防线，接着率领第5坦克团向英军的侧翼展开反攻，最终，将英军赶了回去。

德军顽强的抵抗和迅猛的反击终于挫败了英军的进攻。到夜幕降临的时候，英军被俘1400多人，坦克被击毁100多辆，不过非洲装甲军团的损失也很惨重。

好在英军已经损失惨重，已不得不暂时放弃进一步进攻的企图，同时也不得不开始重新认识德军的战斗力。

在这两场战斗中，德军中涌现出了一个叫哈尔姆的19岁士兵，他是名炮兵观测手，操纵着一门苏联76.2毫米口径反坦克炮。由于炮手们无法在坚硬的岩石地上安置大炮，于是2名炮手不得不把大炮安置在炮架尾部以减轻大炮的后坐力。这时，一支英军坦克纵队呼啸着向他们扑来。2分钟内，哈尔姆便击毁了4辆"瓦伦丁"坦克，其余的坦克顿时停下来搜索毫无遮蔽的大炮，并向其猛烈开火。

"当时的情况非常危险，一颗炮弹在我的两腿前方爆炸，紧接着第二颗炮弹炸掉了装填手巴鲁克的双腿。勇敢的雷利立即接替了巴鲁克的位置，一直坚持到最后。"哈尔姆后来回想起当时的情况，不免心有余悸，"后来我们的大炮被打哑了，好在第21装甲师及时赶来，不然我们肯定凶多吉少。"

英勇善战的哈尔姆非常荣幸地接受了隆美尔亲自给他佩戴的"骑士十字勋章"。隆美尔微笑着鼓励眼前年轻的士兵："非常感谢，勇敢的斗士，你知道吗，你是第一个获得这一荣耀的普通士兵。"

听了隆美尔的话，哈尔姆受宠若惊，激动地大声喊道："谢谢元帅，我会继续勇敢战斗，伟大的德意志帝国万岁！"

接下来，隆美尔开始巡视硝烟未散的战场，慰问官兵并给他们颁发了奖章。他发现，他的部队虽然人数上处于劣势，但官兵的士气非常高昂，这使他对以后的战役越来越有信心。

7月26日，奥钦莱克将军又试着进行了一次进攻，但同样以凄惨的结局而告终。澳大利亚军队虽然突破了德军的防线，但由于坦克的支持力量未能及时出现而不得不退了下来，英军装甲部队指挥官不愿意出动坦克，因为他认为步兵在地雷区清除的缺口还不够充分。步兵们孤军奋战，结果可想而知。

隆美尔怀着欣慰的心情给他的爱妻露西写信说：

当然，要说我们已经越过最困难的阶段那还为时尚早，敌人在数量上远远超过我们。但是两天前我们在阵地前后击毁的146辆坦克对此做了很大的补偿，我们已经给了他们沉重的打击，敌人不会再如此放肆了。

在以后的几天里，英军只有几次试探性的进攻，全被一一击退。这些失败使英军绝大多数指挥官都认识到，凭借现在的兵力和武器装备，是很难突破隆美尔的防线的；即使在某个地区取得突破，也会很快被德军迅猛的反突击所打退。这样付出的代价是极其巨大的，这种做法必然会在国内引起强烈的反响。考虑到这些，奥钦莱克决定在没有新的兵员补充和部队没有得到严格的训练之前，暂时停止进攻。

隆美尔的境况使希特勒感到十分担忧。他担心万一装甲军团被赶出非洲，那么德意两国将面临同盟国军队闯入"欧洲软腹部"巴尔干半岛的危险。对于正陷入苏联战场的德军来说，这无疑是一场极大的灾难。"无论如何也要守住北非"，希特勒在电报中命令隆美尔。同时，隆美尔要求增援人员和物资的请示也开始受到重视，大批的作战人员和物资装备源源涌向了非洲。

随着大批人员和物资的补充，非洲装甲军团和英军的实力差距正在逐步缩小。到1942年7月下旬时，5400名补充兵员和新组建的第164轻型装甲师的两个先遣团抵达非洲。13300名新兵也已空运到达，同时还在以平均每天100人的速度继续补充人员。8月初，精锐部队第1伞兵旅在赫尔曼·兰克将军率领下开到了非洲，并划到隆美尔属下。隆美尔迅速将这些部队派到德军防线的薄弱地段，加强那里的力量。

意大利新的增援部队也在源源不断地到达。意军第一流的"弗尔格尔"伞兵师也赶来参战。在接见阿莱萨德诺·格罗尼亚将军时，隆美尔对意大利人的蔑视态度深深刺伤了这位步兵师长。虽然将军拍着胸脯发誓，他的部下将绝不会放弃自己的阵地，但隆美尔却丝毫也没有被他的豪言壮语所打动，只是冷笑置之。当天，隆美尔宣布了他对临阵脱逃者的警告，"我命令每一名官兵必须坚守自己的阵地，决不准后退。任何放弃阵地的人都将被视为临阵脱逃者，送交军事法庭审判"。

很明显，隆美尔的这个警告是针对意军的。因为在7月份的战斗中，意军的表现实在令隆美尔感到气愤，他写信向柏林汇报：

我这里所需要的，不是更多的意大利师，更不用说像皮斯托亚那样毫无战斗经验的意大利师了。我最需要的是德国士兵和德国坦克。只要有了他们，我立刻就可以重新发起进攻。

第六章

蒙哥马利临危受命

　　奥钦莱克的进攻战屡战屡败,他在给伦敦的战况报告中得出这样的结论:"继续对德国装甲部队采取进攻在目前是不可行的。"而此时,每天要抽一盒雪茄、喝两瓶酒的英格兰老海牛丘吉尔却已经没有了耐心,一心只想发动进攻,赢得一场在北非的胜利,才能在国内站稳脚跟。于是,丘吉尔果断地把英国在北非战场的命运交给了他最信赖的人,那就是第8集团军的新指挥——蒙哥马利。

第一节

奥钦莱克的伤感报告

尽管奥钦莱克知道德军在7月份的这次拉锯战中，损失也相当惨重，隆美尔已经无法再承受更大的损失，但是，同盟国军队接二连三的失败已经在丘吉尔这位大英帝国元帅的心里埋下了阴影，奥钦莱克已下定决心，在做好充分的准备工作前，无论如何也不再行动了。

他在给伦敦上司们的一份战况报告中说道：

> 我很不情愿地得出这样的结论——继续对德国装甲部队采取进攻在目前是不可行的，我们需要新的、接受过良好训练的兵员和足以给敌军致命打击的武器，目前看来，这些都是远远不够的。

当丘吉尔接到奥钦莱克这份令人伤感的报告时，本来就不太好的心情突然降到了冰点。面对北非前线的局势，他再也坐不住了。他在伦敦唐宁街10号狭窄的办公室里来回踱步，激动地对接替迪尔的新任帝国总参谋长阿兰·布鲁克大声喊着："中东有75万士兵，都跑到哪里去了？奥钦莱克为什么不继续作战？看来他是对自己中东作战区总司令的位置不满意了吧？"

布鲁克知道奥钦莱克这么做，肯定是有他的原因，他为这个昔日的老友小心翼翼地辩解道："奥钦莱克将军目前的处境相当艰难，此时任何一次草率的进攻都会使我们前功尽弃，不如再等一等，待我们再派些兵员之后再做打算。"

丘吉尔显然没听进去他的话:"奥钦莱克以为他带领英军在阿拉曼暂时阻止住德军的进攻就算胜利了吗?还差得远呢!他难道忘记了在加扎拉、托布鲁克我们是怎样惨败的吗?可恶的隆美尔并没有走远,他就站在埃及的大门口,随时都有可能对我们构成威胁,这是多么紧要的关头,他却不可思议地停止了战斗!"

激动的丘吉尔把刚刚吸了两口的雪茄狠狠地扔在了地上,见此情形,布鲁克也不敢再说些什么,他心里暗暗在想:"奥钦莱克将军,恐怕这次你的位置真的难保了。"

1942年8月5日清晨,中东英军总司令兼第8集团军司令奥钦莱克和他的参谋人员在第8集团军的机场迎接丘吉尔首相的到来。

终于,一个胖胖的身影出现在机舱门口,他向人们挥手致意,浑身沐浴着灿烂的阳光,一步一晃地走下了飞机。丘吉尔和奥钦莱克站在一起很有喜感:丘吉尔身材肥胖、面色红润,奥钦莱克身材瘦削、面容疲倦。当两双手亲切地握在一起的时候,谁都会觉得这次会面是那么地充满了热情和真诚。

奥钦莱克先是向首相介绍了一下他的军队和下一步的计划,接着丘吉尔便与他就其未来计划进行了深入的探讨。丘吉尔始终无法掩饰自己强烈的进攻欲望,他站在巨大的地图面前指指点点,嘴里还总是振振有词地调兵遣将,说某某师在接下来的战斗中应该在某某位置才能更好地发挥作用,在某某重要地点应该再增派某某装甲部队去支援。

奥钦莱克始终默默地听着,在首相滔滔不绝的讲话终于告一段落后,他才说道:"首相阁下,现在第8集团军经过长期奋战,急需补充兵员和物资,有些新换防的部队还不会在沙漠里打仗,他们必须做好必要的训练。在这些准备工作没有做好之前,我不能再贸然发动进攻,那样只能是拿士兵们的性命去冒险。"

丘吉尔立刻问道:"那你说什么时候才能准备好吧,我要一个具体的时间。"

沙漠烽烟 阿拉曼争夺战

奥钦莱克虽然看出来丘吉尔已经是面带愠色，可想到眼前的形势，他还是说出了这样的话，也许就是这句话决定了他自己被解职的命运。

"最早也要 9 月中旬，在此之前我拒绝任何行动，因为那些都是徒劳无益的！"

丘吉尔在第 8 集团军司令部吃了一顿很不愉快的早餐以后，就带着参谋长布鲁克离开了。当天晚上，在北非作战的空军部队盛情招待了前来视察工作的丘吉尔首相。在会上，丘吉尔亲切会见了第 30 军装甲军军长戈特中将。

"如果你来做第 8 集团军的司令，你会怎么做？"丘吉尔试探着问了问这位他已经初步确定下来的人选。

"我当然不会像奥钦莱克将军这样苦等战机，要是我，我会选择进攻！尽管我知道我们的部队已经深感疲惫，但我相信，狐狸的部队也好不到哪去，他们已经没什么可以抵抗的力量了。"戈特信心十足地说。

丘吉尔笑了，就在第二天晚上，一项重大决策出笼了，丘吉尔任命亚历山大将军为中东英军总司令，任命戈特为第 8 集团军司令，受亚历山大指挥。

戈特以善于沙漠作战而著称，虽然没有雄才大略，但是为人正直善良，意志非常坚定，一旦看清要走的路，就会毫不动摇地走下去。丘吉尔任命戈特担任第 8 集团军司令，用他自己的话说："就是想发挥戈特临乱不惊、善挽狂澜于既倒的优点，稳定北非战场的局势。"

第二节

蒙哥马利临危受命

丘吉尔对北非战场军事指挥人员做了重大调整后，总算可以放心地走了。然而，当丘吉尔在等待来自北非前线的好消息时，不幸的事情发生了，他的爱将——新任第8集团军司令戈特将军在8月7日上任途中，飞机被德国战斗机击中，不幸身亡。丘吉尔又一次陷入"选将"的窘境当中，他深深认识到，第8集团军需要一位勇敢的、具有冒险和进取精神的指挥官来让他们重树信心。

经过布鲁克将军的推荐，丘吉尔当机立断，立即下命令调第1集团军司令官蒙哥马利中将出任第8集团军的司令官，尽管蒙哥马利出任第1集团司令官还不到24小时。

如果说在此之前的非洲舞台上，隆美尔是当仁不让的唯一主角的话，那么现在，另一位主角走马上任了。就是这么一个偶然的机会，一代名将蒙哥马利被推上了历史舞台。

◎ 蒙哥马利 VS 隆美尔

　　伯纳德·劳·蒙哥马利，1887年11月17日出生于伦敦圣马克教区的一个牧师家庭。1907年以优异成绩考入了英国著名的桑赫斯特皇家军事学校。毕业后分配到了部队任步兵少尉。

　　蒙哥马利早年在印度服役，参加过第一次世界大战。1920年1月，蒙哥马利进入坎伯利参谋学院学习，毕业后任旅参谋长，参加了爱尔兰独立战争。1926年1月，蒙哥马利调坎伯利参谋学院任教官，1937年任旅长，1938年任师长，晋升少将。第二次世界大战爆发后，蒙哥马利赴法参战，1940年5月率部从敦刻尔克撤退，他和他的同僚遭到英国人和德国人的双重嘲笑。这使得一向骄傲、自负且野心勃勃的蒙哥马利愤怒异常，他渴望有朝一日再与德国人一较高低。1941年1月，蒙哥马利任军长，12月任英国本土东南军区司令。1942年8月，刚刚被任命为第1集团军司令不到24小时的蒙哥马利临危受命，改任第8集团军司令，这是蒙哥马利军旅生涯的转折点。此后，他率领第8集团军在阿拉曼战役中打败了威震北非的德国名将、有"沙漠之狐"美誉的隆美尔，从而使自己一举成名。

　　蒙哥马利长了一副鹰一样的面孔，他那高昂并带有浓重英格兰鼻音的声调让人听起来感到并不是十分友善。他在许多方面与隆美尔有相似之处。这两个人的性格都很孤僻，在周围是敌人多于朋友；他俩都很专横和傲慢，在听命于别人时，都像一匹难以驾驭的烈马，而当他们获得全部指挥权时，却又都是头脑清醒和最有独到见解的优秀指挥官；两个人都喜欢体育运动，并且都不抽烟、不喝烈酒，注重保持身体健康。

　　这两个人还都比较注意培养与军政要人的友谊，就像隆美尔一向对希特勒言听令从和重视同戈培尔的关系一样，蒙哥马利也十分注重结交军政要人。当丘吉尔到非洲视察部队时，蒙哥马利在海滨浴场舒适的别墅里招待了他，并特地为他准备了在战争时期即使在英国国内也很难见到的法国白兰地。

　　像隆美尔一直戴着那顶著名的带有有机玻璃风镜的帽子一样，蒙哥马利也戴着一顶镶着团队徽章的怪异的澳大利亚丛林帽来显示自己的与众不同。然而，他们的不同点也是显而易见的。隆美尔是个尚武的军人，而且使他的战友、上司、对手、敌人都能为之增光。蒙哥马利有些不通人情，他命令士兵，无论在哪里，发现德国人就一律打死，不要考虑任何别的东西。隆美尔却在尽量避免着这样残忍地对待战俘，他甚至能置希特勒"把他们全部杀掉"的指示于不顾，尽可能地保全他们的性命。蒙哥马利在作战指挥上，行为有些古怪，而隆美尔却是一个正统的指挥官，并以随机应变的眼光和深邃的洞察力而受到称赞。隆美尔经常跟随部队一起上前线，并在战斗中表现出与战士们一样的无畏和勇敢；蒙哥马利是无论如何也不会亲自率军上前线的，也不会在面临防线被突破时亲自指挥反坦克炮瞄准射击目标，更不会在突袭中与先头部队的士兵一起争夺掩体。隆美尔完全依靠自己的才智，他信不过别人；蒙哥马利善于运用别人的智慧，依靠军事力量补偿任何计划中的缺陷。

在北非沙漠这个大舞台上，两个人都是雄心勃勃，都十分藐视对方，然而在内心深处，他们谁也不敢轻视对手，又都十分谨慎。历史为两个优秀的指挥官提供了一个直接对话的机会和舞台，但结果却注定了这两人的其中之一必将成为未来这场悲剧的主角。因为战争本身就是要决出胜负，它不可能像东方象棋的搏杀那样，出现一种叫作"和棋"的奇妙结局。

在任命蒙哥马利为第8集团军司令的当天，丘吉尔的私人参谋长伊斯梅就来到了蒙哥马利的办公室，按照首相的吩咐，他是来向蒙哥马利介绍近两年北非战况的。

听了伊斯梅详细的介绍后，蒙哥马利不禁感慨万千，他谈到了一个军人一生所能遭遇到的诸多考验和风险："一个人把战斗作为自己毕生的追求，无论遇到什么艰险都始终坚定自己的信念，年纪轻轻就能得到将军的殊荣，似乎胜利和成功永远都会光顾他。就这样，他能被迅速地提升，一次次机会让他声名远扬、世界瞩目，几乎每一个人都在谈论他的魅力和品行。可是，命运之神又来捉弄他了，一次战斗失败就使他一生的成就毁于一旦，这难道真是他的过失吗？不一定。然而，他却一定会被写在一系列军事失败的历史书当中，真是世事难料啊！"

伊斯梅没想到这位将军还是个多愁善感之人，便给了他一些鼓励的话："千万不要这样，还没上阵就说这些不吉利的话。你是英勇善战的英雄，首相对你非常器重，你不用把北非的情况看得过分糟糕，那里是一支优秀的军队，如果加以调教，必成大器。"

蒙哥马利诧异地看着伊斯梅，仿佛一点都没听懂他刚才说的话："你说什么呀，我这是在谈'沙漠之狐'隆美尔啊！"

对隆美尔的评价，蒙哥马利显然是在明褒暗贬，不过从中也多少透露出一丝醋意，是隆美尔在敌我双方中如日中天的威名勾起了这位好斗的英国人的嫉妒心。

沙漠烽烟·shamofengyan· 阿拉曼争夺战·alamanzhengduozhan·

8月12日，蒙哥马利走马上任第8集团军司令。他在开罗机场走下飞机的时候，第8集团军的司令部工作人员正在焚烧档案，以备撤退，而亚历山大港的英国军舰这个时候已经离开了。

8月13日天刚刚亮，蒙哥马利便离开了开罗英军总部，驱车前往第8集团军。第8集团军的参谋长德·甘冈已经在那里等候这位新司令的到来了。一阵寒暄过后，德·甘冈取出了他整理的一份材料，准备向蒙哥马利介绍情况。

英军坦克部队的军官们在与德军强大装甲部队交战前商讨对策。

"我的老朋友，你难道忘记了，我在有关人员亲自向我报告之前，我是从来不看任何文件的。你收起那份材料，随便说说就行。"

德·甘冈笑了："你果真还是老样子！"接着，他就和蒙哥马利详细谈论了作战形势、最新敌情、各个战区指挥官的情况以及他自己对这一切的看法。他头脑灵活、观点清楚，深受蒙哥马利的欣赏。蒙哥马利一边听着一边暗自打量着这位难得的人才，待德·甘冈说完以后，他才问了一句："现在官兵们的士气怎么样？"

"说实话，并不太好，这里最缺乏的是明确的领导和自上而下的强有力的控制。"

听到这些，蒙哥马利不由自主地点了点头，很显然，对于目前的状况，他早已料到了。就此时的情形看，德军是一路进攻，而英军是一路败退，接手后的第8集团军毫无斗志可言，何时撤退成了他们最关心的事情。蒙哥马利十分清楚，士气在战场上的关键作用，他必须扭转遍布全军的失败情绪。

蒙哥马利有一个非常坚定的信念：如果要让士兵们使出最大力量，就必须使他们绝对信任指挥他们投入战斗的人，正所谓"兵熊熊一个，将熊熊一窝"。一个指挥官的成败决定于他的能力，即被他的下属所公认的能力。他认为，士兵们想知道的是，领导他们的军官可不可以信赖，他们的生命就掌握在这个人的手里，他能有效地照管他们的生命吗？

针对第8集团军存在的问题，上任之后的蒙哥马利所做的第一件事就是在军团内树立起他的形象,并恢复全集团军人员对集团军高级军官的信任,同时让士兵们树立起必胜的信念。

8月13日18时30分,蒙哥马利在巡视完沙漠战场后,向第8集团军的全体参谋人员发表了第一次讲话:

> 我希望同大家见面谈谈。正如你们所知道的那样,我已经发布了一些命令,并且将继续发布命令。"决不后退"的命令意味着作战方针的根本改变。你们必须明白我的方针是什么,因为你们将处理具体的参谋工作……埃及城市的保卫,必须通过这里的阿拉曼战斗来最终实现……我要把我们的松散的装甲部队组成一个强大的第10装甲军,实施机动作战。取消分散作战的方针,而是以师为单位作为一个整体进行作战……最后,我要宣布任命德·甘冈为第8集团军参谋长,他所发出的命令与我发布的有同等效力,你们都要立即执行,我授权他管理整个作战司令部。

蒙哥马利的一番慷慨激昂、妙趣横生的演说在士兵们当中引起了强烈的反响,这对安定军心、鼓舞士气、树立坚定必胜的信念起到了积极的作用。

新官上任三把火,接下来,蒙哥马利又开始处理他所说的那些"朽木",凡年龄偏大以及贪生怕死、一心撤退的军官坚决撤换,要么从低级军官中选拔,要么从国内调任,甚至不顾奥钦莱克的"颜面",一下子拿掉科贝特、多尔曼、史密斯等一批不称职的军官。蒙哥马利似乎有些极端无情,但后来的实践证明了他以极大的勇气和超人魄力所做出的这些决策是多么地正确。

在蒙哥马利看来,作战计划是需要慎而又慎的,遇险及时化夷,胜利时注意节制,这是一个指挥员的指挥要旨。他说:"在军事行动方面,总司令必须对自己所设想的战役制订一个总体计划,并且必须预先考虑和计划两次战役——他准备打的一仗和下一仗。前一仗的成功，可以作为另一仗的跳板。"

蒙哥马利非常注重战前准备工作，他说："具有忍受痛苦和审慎准备的无穷能力，是卓有成效地从事高级指挥的重要条件。"无论大仗还是小仗，部队训练、物资储备、欺骗伪装及气候等条件，哪一方面准备不充分，他都不会贸然出击。

蒙哥马利还改革了第8集团军的司令部，将司令部分为一个小型"作战司令部"和一个"主司令部"。小型"作战司令部"设在离"主司令部"相当远的前沿地域，它是参谋长德·甘冈的活动场所，所有详细的计划和行政管理工作都在那里进行。在"主司令部"，蒙哥马利只保留极少量的参谋、通信、机要人员和联络官。这种做法不仅使蒙哥马利能够摆脱忙碌得如蜂房一样的司令部工作，而且还使他能与实际指挥战斗的将军们保持密切的接触。每当蒙哥马利向一个下属，比如一个军长发布命令时，他总是要给更下一级司令部打电话，以检查对他命令执行的情况。

一切准备就绪，接下来就是考虑如何收拾面前的这个对手——隆美尔了。对于蒙哥马利来说，正确判明隆美尔的下一步行动是赢得下属们尊敬的关键一环。他断定：隆美尔将在不久发动一场进攻。虽然隆美尔的空中掩护随着大批飞机被调到东线而不复存在，油料和弹药也消耗殆尽，但是隆美尔逃不过一个铁的事实，那就是希特勒决不允许他后撤。刚愎自用的希特勒已经将"非洲军团"在北非的存在与苏联方向上的德军南下的战略联系了起来。为了实现希特勒的这一"伟大"的目标，隆美尔除了进攻，别无选择。

为了对付隆美尔即将发起的进攻，蒙哥马利向近东司令部申请了1000门威力强大的远射程大炮，并构筑了科学、严密且伪装良好的炮兵阵地。蒙哥马利具体兵力部署是这样的：以骁勇善战的新西兰师的南翼为基础，在箱形阵地与著名的哈勒法山之间的缺口内部署了精锐的第22装甲旅；新到达的第44师两个旅配置在陡峭的哈勒法山脊；第23装甲旅配置于第12旅的后面，作为一支强大的预备队使用。蒙哥马利为隆美尔精心设下一个可怕的陷阱，不论隆美尔采取什么样的方式进攻，这样的部署都能够将他的部队堵住。如果隆美尔真敢无视对手的充分准备而发起一场进攻的话，等待他和他勇敢的"非洲军团"的将是万劫不复的地狱。

第三节

"沙漠之狐"的忧虑

露西在给隆美尔的回信中谈道：

今天的新闻广播说，你的对手奥钦莱克已经被革职，一个名叫蒙哥马利的将军已经启程去非洲接管第8集团军的指挥。他们说他将是你的克星。

隆美尔读后并没有什么反应，足以看出当时的隆美尔对这个名字的漠视，或许他没有想到，正是这个人最终改变了他的命运。

这个长达一个月的休战期。双方的部队在到处都是地雷的灼热的沙漠里相互对视着，谁也不敢轻举妄动，他们都在忙着重新组合编队。

8月中旬，隆美尔向德国最高统帅部大本营报告："我的装甲部队缺少50%，反坦克大炮缺少40%，炮弹缺少30%，作战人员也还需要16000人。"尽管隆美尔一再求援，希特勒仍然无动于衷，东线的失利已经让这位法西斯头子深感忧虑了，一向被视为次要战场的北非，能坚持到什么程度就什么程度吧。再说隆美尔此前也同样面临过这样的窘境，不还是凭借他非凡的指挥才能渡过难关了吗？

整个8月，隆美尔的军队都保持原地不动。在灼人的高温和接近尼罗河三角洲的不利处境下，许多人已经染上了热带疾病，而且隆美尔自己也病倒了，这对于这个意志顽强的元帅来说，还是来沙漠作战以来的第一次。

8月2日，他就开始感到不舒服，到了月中，他真的病了。事实上，在50多岁的军官中，他是唯一在非洲坚持这么久的一个。

8月19日，隆美尔的参谋们留意到陆军元帅总是头痛感冒，而且还得忍受喉咙剧痛的折磨。参谋们认为是流感，当他们跑去找隆美尔的私人医生霍尔斯特教授时，他们发现自己的元帅已经只能躺在床上了。

霍尔斯特的诊断报告说："隆美尔元帅正受着低血压的痛苦，而且有昏眩的趋势，这种情况是由于长期的胃病和肠功能紊乱造成的，再加上最近几个星期体力和脑力的过度疲劳，尤其是不利的天气影响，使得这一病情加重了。在目前这种情况下，特别是如果他的负担再进一步增加，更想完全康复是绝对不可能的。康复的唯一希望只能是在德国待上很长一段时间，并且要有适当的医药和护理。"

最后霍尔斯特教授还说："在非洲土地上的暂时治疗看来也还是可行的，不过，元帅不能再去考虑那么多问题了，他现在最需要的就是好好休息。"

隆美尔心里比谁都清楚，到了9月份，第8集团军将变得十分强大，远非他的"非洲军团"所能打败的。所以，必须在8月就发起进攻。由于夜间行动更具有隐蔽性，这就需要一个月圆的夜晚，算来算去，8月底是最合适的时机了，这个时机若是再抓不住，轴心国就只能接受兵败北非的结局了，这问题能不考虑吗？

同时，隆美尔还得考虑目前的供应短缺问题，汽油不足，火炮力量也远远不如英军，这就决定了正面突击方案的不可实施性。要想成功，只能对英军实施包围或者迂回，从南端突破，那里是英军防线最薄弱的环节，否则就根本没有胜利的希望，这能不考虑吗？

"可是元帅，距8月底还有一段时间，你可以先让别的将军暂时替你一下，这时的休息是为了决战时候更好地指挥作战呀！"霍尔斯特教授力劝隆美尔。

"好吧，让我再考虑一下。"

8月21日，隆美尔把诊断结果电告柏林，并推荐海因兹·古德里安将军来暂时顶替他的职务。他相信通过自己这段时间的休息，会更加精力充沛地投入到8月底的作战行动中，届时，阿拉曼防线必将会被一举攻破！

可是当他返回自己的活动房时，最高统帅部司令凯特尔的电报已经在等他了。电文说："古德里安不能接替这一职务，因为他的健康情况不能适应热带的气候。"

"见鬼，什么健康原因，怕是这位老兄又把元首给得罪了吧！"

8月24日，隆美尔的病情有了些许好转，在霍尔斯特的陪同下，他乘车去梅沙马特鲁做了一次心电图检查，检查结果还算令人满意。

根据霍尔斯特的诊断，在即将发起的进攻中他还可以继续指挥"非洲军团"作战，同时，必须接受适当的药物治疗，在此以后，他将适情返回德国进行治疗，这段时间元首也好考虑一下接替他的人选。

隆美尔又一次对整个战线作了视察。然而，就在他准备向正在集结的大英帝国的军队发起猛烈进攻的时候，他的病情又有所加重了。他虽病着，却被胜利在望和可以返回德国的希望所鼓舞着。

隆美尔心想：用不了多长时间了，也许9月中旬我就可以回柏林了，那样就可以与久别的露西和我的小儿子曼弗雷德在一起至少度过6个星期。我们一家可以去奥地利的山区度假，那里的水可是清澈透明的，我可以好好地洗上一个澡了。到了那里，也不用整日担心敌人的大炮，就让那该死的声音远远地离开我们吧！

·第七章·

盟军旗开得胜

蒙哥马利在阿拉曼防线向隆美尔的部队发起进攻。英国皇家海军利用"超级机密"提供的情报,轻而易举地破坏了德军的海上生命线,造成了"非洲军团"物质上的极度短缺。"非洲军团"步履维艰地行至阿兰哈尔法牙隘口,却被早已埋伏在那里的英军坦克和大炮打得落花流水、溃不成军。蒙哥马利在与隆美尔的首次交锋中便旗开得胜,这使同盟国的军队精神振奋、士气高涨。在接下来的战斗中,他们愈战愈勇,屡战屡胜,"沙漠之狐"的处境岌岌可危。

第一节

"超级机密"大显神威

此时,蒙哥马利的第8集团军可谓兵强马壮,而隆美尔的"非洲军团"根本不能与之相比。此时,隆美尔的部队中有1万多名士兵失去了战斗力,病员的数量也达到了到非洲以来的最高峰——共有9000多名官兵患上了不同的流行性疾病。

尽管如此,隆美尔最终还是做出了"一生中最难做出的抉择",确定8月30日向英军进攻。这实际上可以说是最后的"生死一搏"了。因为这时装甲军团的坦克数量只有200余辆,其中,包括100辆经过精心改装的高速坦克;蒙哥马利准备了760辆坦克,并且还拥有120辆能够发射6磅炮弹的新型反坦克炮;坦克数量还不到英军的一半,所剩燃料甚至还不够行驶160公里,而英军还牢牢控制着制空权。

8月27日清晨,隆美尔的司令部外突然传来一阵熟悉的"斯托奇"飞机的轰鸣声。当隆美尔快步冲出门去的时候,发现陆军元帅凯塞林正昂首阔步地走下飞机。

隆美尔一见到凯塞林就恼火,在隆美尔眼里,凯塞林跟意大利的那些家伙没什么两样,也是个说话不算数的人——他曾多次答应过要帮助"非洲军团"解决燃眉之急,可他在柏林和北非之间跑了好多趟了,却连一点儿燃料的影子都没看见,也不知道这位陆军元帅整天忙碌些什么。

"元帅阁下,现在'非洲军团'急需燃料和弹药,如果在进攻日前还送不过来,我们就根本无法执行原来的计划。"隆美尔急切地说道。

"意大利统帅部的卡瓦利诺元帅不是说要给你们解决一部分吗？"凯塞林元帅倒显得十分平静。

"他是经常来前线视察，而且每次来都一口允诺要帮助'非洲军团'改善一些条件。可是到了他下次来访的时候，他只会哈哈大笑地说，因为他所做的诺言实在是太多了，所以无法将其一一兑现。这个可恶的家伙，打仗的时候一个劲儿往后退，糊弄自己人倒蛮有两下子。"

隆美尔气愤得几乎想把这许久以来的火都倾吐出来。其实这些话也有指桑骂槐的功用，最后他坚定地说了一句："进攻日取决于运送汽油的船能否按规定日期到达，我的最后期限是30日，我希望元帅您对这次进攻加以重视。"

"好啦，好啦。"凯塞林元帅安慰地拍拍他的肩头对他说，"如果所有的努力都失败了，我就用飞机给你空投700吨汽油。"

第二天早晨，隆美尔仍旧没有做出最后的决定。上午8点30分，他把指挥装甲师的全体将军召集到他的司令部里，又一次重复了自己的计划并警告他们："虽然最后期限是30日，但一切还要取决于燃料的供应情况，凯塞林元帅答应给我们空投700吨汽油，但这也无法从根本上解决问题，我们现在一点储备也没有了，在阿拉曼战役之后我们究竟能走多远，将由燃料和弹药能否及时得到供应来决定。"

29日清晨，隆美尔的私人医生霍尔斯特看见元帅的脸色很不好，疲惫、憔悴，而且满是忧郁。

"您感觉怎么样，元帅？这几天都按时吃药了吗？"霍尔斯特担心地问。

"没什么，就是这几天考虑的事情太多，睡得不太好，头感觉稍稍有点晕。医生，你知道吗，今夜发起的进攻是我有生以来最难做出的一项决定。这次进攻的结果只有两种可能，要么是我们成功到达了苏伊士运河，同时，我们在苏联的军队也成功地占领了高加索的格罗尼兹，要么我们就……"说到这里，他做了一个失败的手势。

霍尔斯特医生好生奇怪，元帅今天是怎么了，他怎么突然间变得犹豫不决了，而且言语中还透露出一种发自内心的恐慌，这同过去那个趾高气扬的隆美尔可是判若两人啊！

很随意地吃了点早饭，隆美尔又开始给他的爱妻露西写信了，不知为什么，这一天的信，他写得特别长：

> 这一天终于到来了。为了这一天的来临我已经等待了太久，并一直担心着我是否能得到再次发起进攻所需要的那一切，许多事情都还没有适当地解决好……我们在许多方面还存在着很多不足的地方。尽管如此，我仍旧要冒险行动，因为要等到月圆和力量均衡以及其他条件都再次具备时，又需要一段很长的时间……如果我们的进攻胜利，对于赢得这场仗将会有很大的帮助，即使我们不能胜利，我也希望能给敌人一个沉重的打击……你在远方为我祝福吧。

作为一位统帅，隆美尔尽管对他即将开始的这次进攻没有什么把握，但在士兵面前，却始终保持着他那勇往直前的英雄形象。临行前，他庄严地向"非洲军团"的士兵们宣誓："今天，我们的大军再一次向敌人发起攻击，我们一定要消灭他们。这一刻，永远难忘，我希望每位士兵在这个决定性的日子里，奋勇向前，勇猛冲杀。意大利万岁！伟大的德意志帝国万岁！伟大的元首万岁！"

话音刚落，隆美尔的副官将刚刚收到的电报递到了他手中，电文上清清楚楚地写着："今晨，6艘运输船中的4艘，被英舰击沉，燃料和弹药全部沉入海底。"

看到电文的隆美尔再也无法保持他那镇定自若的姿态了，他的身体也像刚刚被击沉的船一样，慢慢下滑，几乎要从元帅椅上摔下来："天哪，这究竟是怎么回事？他们为什么总是提前一步就知道我们的行动计划，难道又是那些可恶的家伙走漏了消息？"

隆美尔本来想说"可恶的意大利人"，可他知道这对即将出征的部队来说毫无益处，于是立马改了口。其实他哪里知道，这些都是英国军情局

"超级机密"的功劳。

英国记者安东尼·布朗在《兵不厌诈》一书中写过这样一段话：

> 其实阿拉曼战役，从一开始，隆美尔军队失败的命运就已经注定了。隆美尔所采取的每一个重大军事行动，都被"超级机密"暴露，他给希特勒的每一份密报，蒙哥马利都通过"超级机密"了解到了，而希特勒发给隆美尔的答复电，有的蒙哥马利甚至比隆美尔还要早看到。

这"超级机密"究竟是何方神圣，竟能有如此神通？

在伦敦郊外的一片绿树林中，有一幢维多利亚式建筑——布莱奇雷庄园。这个庄园造型别致、风景如画，四周优美的环境更是叫人叹为观止。令人不解的是，在这座装饰华丽的大厦周围，有许多看上去极不协调的小窝棚。其实，这就是英国密码破译机构的所在地。那些小窝棚是因为破译工作量太大，庄园的房间容纳不下那么多人员和设备而仓促盖起来的。

在这片不起眼的居住区中，聚集了众多杰出的人才。这些人大多留着长发，衣冠不整，上身是破破烂烂的花呢上衣，下身是皱巴巴的灯芯绒裤，看上去他们的行为也有些古怪。可别小瞧了这些人，他们之中有数学家、语言学家、围棋大师，还有电气工程师和无线电专家，甚至还不乏银行职员和博物馆馆长。

这是一个充满神秘色彩的地方，除了在这里工作的人员以外，只有英国国家首脑人物和最上层的情报官员才能到这里来。这里的工作人员的任务只有一个，就是利用一种先进的机器，破译德军发出的密码电报。因为从这里发出的情报一律使用一个代号——"超级机密"，所以英军便用"超级机密"来代指所有来自布莱奇雷庄园的情报。正是这些来自布莱奇雷庄园的"超级机密"，在英军夺取阿拉曼战役胜利中发挥了不可低估的作用。几乎在战役的每一个关键时刻，破译的情报都帮助蒙哥马利及时做出正确的决策，进而使蒙哥马利在北非战场上一展身手、扬名世界。

◎ "超级机密"的由来

要了解"超级机密"的情况，还要从"二战"开始数年前纳粹使用的一种特殊密码说起。

纳粹在获取德国政权后，使用了一种不同于当时所有国家使用的新的军事密码，这种密码是由一台机器编制的，它虽不是由数学家设计的，但却可以被数学家破译。这台机器被恰如其分地称作"迷"，译音为"埃尼格马"。

埃尼格马密码机是一种电子系统和机械系统的组合，看上去像一台很复杂的打字机，由按键、转子、插接板和导线连接。它能够形成数目巨大的排列，加密密钥可以每天调换。早在1921年，波兰人就从德国人手中获得了一台商用埃尼格马密码机，波兹南数学学院的三个杰出毕业生——马里安·雷耶夫斯基、杰尔兹·罗佐基和亨里克·佐加尔斯基开始对其原理进行研究并试图破译。

波兰密码三杰，左起为马里安·雷耶夫斯基、杰尔兹·罗佐基、亨里克·佐加尔斯基

1938年6月，英国情报六处的副处长孟席斯接到了他在东欧的一名特工人员的报告，说是一名波兰犹太人通过英国驻华沙使馆同他接触，声称他曾在柏林制造埃

尼格马密码机的秘密工厂当过技术员和理论工程师。后来，因为他是犹太人，被纳粹驱逐出德国。现在，他提出可以凭记忆为英国制造一部最新式的军用埃尼格马密码机，他要求的报酬只是1万英镑外加给他以及他的家人发英国护照。

经过英国情报局为期1个月的调查和辨别，他们认为这个波兰犹太人说的话是可信的，因此决定答应他的条件。于是，这个被德军情报人员认为是自己骄傲的密码机，很快就被英军识破了。然而好景不长，仅仅1年以后，即到了1939年夏天，德国人又制造了更加先进和复杂的密码机，这样，英国的情报人员又不得不想尽一切办法破解新的密码了。

埃尼格马密码机

正当英国情报人员受到德国新密码机的困扰时，波兰军事情报部门出于战略上的考虑，将他们数年工作的破译成果，以及仿制的样机转让给了英国情报部门。为了对付来自德国的威胁，波兰情报部门很早就开始了对纳粹密码机的研究工作，他们所取得的成果已经远远地超过了英国。

英国情报人员在富于创造性的波兰人员奠定的基础上，向德国情报机构的机密发起了最后冲刺。由于两个关键人物的出色表现，加快了解开纳粹谜团的步伐，这两个人一个叫诺克斯，另一个叫图林。他们两个是世界上第一流的密码专家，是少见的密码破译奇才。

经过他们的共同努力，一部"万能机器"研制成功了。这部两米多高，外形像一个老式钥匙孔的机器，实际上是一部最早的机械式数据处理机，它可以把埃尼格马的密码破解。随着越来越多数据的输入以及使用人员经验的积累，这种机器解密的效果越来越好。

1940年5月的一天，天空明净，阳光明媚。在大选中刚刚获胜不久的丘吉尔首相正在他的办公室里忙碌着，这时，已经提升为情报六处处长的孟席斯走到首相的办公桌前，向他递交了一个字条。

丘吉尔接过纸条惊叹道："啊，是'超级机密'吧？"

沙漠烽烟 · shamofengyan ·

阿拉曼争夺战 · alamanzhengduozhan ·

看着孟席斯脸上那自信的表情，首相笑了："它必将在对德军的战斗中发挥巨大的作用！我们有耳朵和眼睛了，而且是千里眼、顺风耳！"丘吉尔一边说着一边指了指自己那肥硕的耳朵。

果然，从这一天起，"超级机密"成为丘吉尔及同盟国在整个第二次世界大战中的一张王牌。战争期间，丘吉尔无论在什么地方，都要求随时将最新的"超级机密"传送给他。

在整个第二次世界大战期间，"超级机密"均是英国一个最机密、最重要、最可靠的情报来源。为了保住这一情报渠道的安全，英国情报部门从一开始就采取了一系列极其严格的措施。丘吉尔明确表示，"超级机密"情报只能口头向英军作战的指挥员传达，不得以任何文字方式出现在战场上，以防止德军缴获"超级机密"的重要情报。

在以后相当长的一段时间内，这个秘密都没有被泄露。布莱奇雷庄园的这些精英们，他们是当之无愧的英雄，他们不谈军衔，不谈报酬，不谈职务，只是凭借着一种对祖国安全的责任感和对纳粹敌人的愤怒而选择这项工作，甚至在战后30年中也未曾泄露过一丝一毫的内幕，正如首相丘吉尔称赞的那样，他们是"下金蛋的鸡，从不咯咯乱叫"。直到后来英国政府正式宣布"超级机密"解密期已到时，他们才有机会向人们说起战争岁月中那段鲜为人知的故事。

第二节

隆美尔的赌注

隆美尔的这次进攻无疑是一场孤注一掷的赌博。不过，意大利人再次在一份密码电报中向他保证，第二天将有一艘运送汽油的船到达。5月间在加扎拉的战斗中，隆美尔也曾面临过相同的绝境。隆美尔的战术计划将再次依靠速度和突袭，从而弥补相对的弱点，抵消敌军在数量上的优势。该计划要求新到来的非洲第164轻型坦克师和"拉姆克"伞兵大队以及意大利的几支部队协同作战，从北部和中部困住英军，同时，"非洲军团"进攻南边的卡塔拉盆地附近地区，然后转向英军的左翼。装甲师将以最快的速度向北挺进，攻占英军第8集团军腹地的一个战略要地哈尔法山脊。

隆美尔指望英军指挥官们会做出很慢的反应，也希望用一条好计迷惑他们，他已命令对前线北部和中部的坦克和大炮阵地实行伪装保护。但是在南边，将要发起进攻的地方，他部署了一些假的坦克，部署的方式很讲究，要让敌人通过近距离观察能够认出它们是假的，这一计策的目的是使蒙哥马利认为主攻方向在其他地点。

1942年8月30日晚上10时，皎洁的月亮洒在卡塔拉盆地波浪起伏的沙漠上，显得一片苍凉。隆美尔的装甲部队开始朝东向着敌人的布雷区推进。奈宁将军指挥的"非洲军团"的左翼是意大利的装甲部队"利托里奥"和"阿雷艾特"师，右翼是第90轻型装甲师。

在工兵的引导下，士兵们晃动着微型手电，小心翼翼地通过自己的雷区。就在部队将要穿过自己的雷区时，俾斯麦将军派第5装甲团的一支乐

沙漠烽烟 阿拉曼争夺战

队在一旁奏起了让老兵喉咙梗塞的古老的普鲁士进行曲,或许他们并不知道这支音乐曾多少次成为灾难的序曲。步兵和坦克手们在高速运转的坦克引擎的吱吱声和履带的轰隆声中只听到难以辨认的断断续续的音符,然而这声音却是令人难以忘记的。

隆美尔的计划很周密,然而事实很快证明,他的妙计并没有愚弄住任何人。

英国特工通过监听无线电话通信,已知道了隆美尔的主要进攻方向,于是蒙哥马利特别加强了那一地区的兵力。隆美尔的部队立即陷入了困境,他们不得不在沙漠中走了48公里才开始进攻,而这一地区的大多数路段都埋有地雷。他们遇到的地雷比预计的要更多、更密。英军的装甲车、大炮和机枪给正在清除地雷的德意士兵以及紧跟在后面的作战部队予以重创。在照明弹的映照下,英国皇家空军瞄准正在等待着地雷清除的德国坦克实施轰炸。英军在这场战役刚开始时就占据了主导。

8月31日凌晨,隆美尔的活动指挥部紧跟着他的军团搬到了克拉克山,他确信英军在这一地带没有布雷,防守力量也很薄弱。但当进攻展开时,德军实际闯进了一个特密集的雷区。当"非洲军团"跟在工兵后面慢慢推进时,突然,一颗颗照明弹在空中爆炸,耀眼的闪光把部队立即暴露在英军的火力射程内。早已准备就绪的英军重机枪和火炮立即向雷区内的德军猛烈射击。坦克、装甲运输车和汽车纷纷被击中起火,有的车辆和士兵为了躲避炮火而踏响了地雷。

顿时,炮弹、炸弹和地雷爆炸声响成一片。俾斯麦将军触雷身亡,奈宁将军的指挥车也被炮火击中,电台被摧毁,他手下的许多军官被子弹打死,奈宁自己身上也尽是弹片留下的窟窿。参谋长拜尔林立即换乘另一辆汽车,临时担任"非洲军团"的指挥。工兵冒着炮火在前面拼命开路,部队跟在后面一点一点地向前推进,最后终于通过了这片"死亡地带"。

上午8点,隆美尔驱车疾速赶到前线。

"情况怎么样?"他问先行到达的副官。

"很糟糕,元帅,英军的雷区出乎意料地既深且密。一夜间,我们的先头部队仅越过雷区13公里，距原计划的趁暗夜前进48公里的目标相差甚远。另外，俾斯麦将军也阵亡了。"

听了副官的话，隆美尔大惊失色，痛苦地低下头。他对这一仗的艰难是有预感的，但没料到情况会如此严重。计划的基础是突袭，可是，突击的兵力却被意想不到的坚强雷阵所阻挡，消耗了太多的时间，完全丧失了突然性。隆美尔此时也弄不清楚是该进还是该退。

看来，隆美尔打算依靠速度来取胜的那份时间表已经不管用了，原计划于黎明后向北进军的部队在太阳升起时仍然困在地雷区。此时，已有了好几个关键部门的德军指挥官倒下，隆美尔不得已开始考虑取消进攻计划。

"元帅，不能停止进攻啊！"风尘仆仆的参谋长拜尔林闯了进来，他想让元帅改变主意。

"目前有两个装甲师的坦克已经突破地雷区并在向东推进，他们面前是一片开阔的沙漠，眼下放弃进攻，对那些为突破雷区而牺牲的士兵是一种嘲弄，所以无论怎样艰难，我们毕竟已经冲过来了，应该继续进攻才是，否则会让军心大乱的。"他焦急地等待着元帅的回答，元帅会不会接受他的建议，他心里也没有把握。

隆美尔沉思片刻，最终接受了他的建议："你说的有道理，但我们时间不多了，进攻计划要略作改变，不再绕道迂回哈尔法山脊，让全部士兵此时横跨山脊，全力冲向阿兰哈尔法山。"

此时，英军第22装甲旅正隐藏在阵地上，注视着越来越近的德军坦克。英军第22装甲旅长罗伯茨准将，后来回忆起那天上午与德军坦克交火时的情景时写道：

> 过了没多久，我们就能够通过望远镜看见敌人了，他们顺着那排直通我们阵地的电线杆上来。敌人先头部队的坦克开了几炮，目标可能是我们的轻装甲连队。所以，我命令轻装甲连队后撤，并且撤得离我们远一些，以免把我们的阵地暴露给敌人。

它们终于上来了,已经向左转了,面对着我们,开始慢慢地推进。我用无线电预先通知了各个部队,在敌人的坦克进入914米距离以前不允许射击。不久,他们就进入这个距离了。几秒钟以后,我们的坦克突然开火,激烈的战斗随之而起。

德军的新式75毫米口径坦克给我们造成了很大的伤亡,敌人的坦克也遭到了重创,停止了前进。但情况仍然严重,我们的防御阵地被打了一个大缺口。我立即命令苏格兰骑兵第2团尽快离开他们的阵地来堵这个缺口。这时敌人的坦克又开始慢慢地前进,已经开到了离步兵旅的反坦克炮很近的地方。当德军坦克进入几百米距离以内时,反坦克炮仍然保持沉默,接着突然开火,敌人遭到重大伤亡,与此同时,我军的一些反坦克炮也被敌人碾烂了。

我请求炮兵紧急支援,炮兵立刻向敌人坦克开炮,由于炮兵的威力,加上敌人已遭到重创,进攻被挡住了。

中午的沙漠,热浪滚滚袭来,云层低垂,干燥的南风掀起一阵沙漠风暴,铺天盖地席卷着整个战场。"非洲军团"行动迟缓,先是沙暴的阻挡,然后是细沙的妨碍,使坦克步履艰难,增加了燃料的消耗。直到下午4点,东进的装甲部队才开始转向北进。更糟糕的是,燃料的供应还不知道在哪里。

下午6点时,"非洲军团"不得不停顿下来休整,正前方就是山脊上的据点——132号高地了。此时,天已经晴了,集结在山脊上的英军坦克和大炮立即开火。接着,轰炸机也飞来了,对准困在沙漠里的德军猛烈轰炸。很明显,英军事先就知道了德国人的意图,早已加固了这一带的防线,准备了充足的火力。

夜幕降临时,德军进攻英军阵地,击毁了几十辆"格兰特"重型坦克,但他们自己伤亡也很大。尽管英军伤亡很大,但仍然在顽强坚持,德军忍受着英国空军的轰炸原地挖掘战壕。

8月31日深夜，英国皇家空军的轰炸机又开始对完全暴露的"非洲军团"进行猛烈轰炸，空气几乎令人窒息，冰雹一样打来的致人死地的岩石碎块加大了爆炸的威力。一时间，到处是火光，到处是燃烧的坦克和大炮，英军的大炮发出的怒吼，把炮弹准确地倾泻到德军混乱不堪的阵地上。

第三节

阿兰哈尔法战役大捷

9月1日,德军一线进攻部队燃料告急。隆美尔不得不命令放弃一切大规模行动,只对一些局部的重要目标继续进攻。当天上午,"非洲军团"动用第15装甲师的全部兵力对阿兰哈尔法进行了最后一次攻击。在击毁大量英军坦克后,德军的坦克准备向山脊以东迂回,以包围防守的英军,迫使英军放弃阵地。就在这时,坦克的汽油和弹药已经无法支持后续的进攻,德军被迫停止下来。

9月2日,英国空军的飞机对德军轰炸了12次之多。英军炮兵也对其进行了猛烈的攻击。仅仅在第15装甲师不到3公里的正面上,英军就发射了一万多发炮弹。失去了机动能力的坦克和车辆成了英军最喜欢攻击的目标。这一天是德军损失最为惨重的一天。

德军再继续向前进攻已经不可能了。上午8点25分,隆美尔被迫宣布停止进攻,命令部队逐步撤退回8月30日出发时的阵地。为防止英军乘机反攻,隆美尔命令,部队在撤退时要尽最大的可能保密,"如果士兵要问的话,就告诉他们是换防"。

隆美尔的命令使部队陷入一片混乱。固守在山脊西南面低地的第104步兵团的作战日志上记载:

今天早晨,我们的司机给我们送来了水,他们告诉我们,阿兰哈尔法已被占领,两小时后我们将向前推进。我们已经开始想到尼罗河、金字塔和狮身人面像，以及那些逗人的舞蹈者和欢呼的埃及人了。大约下午1点钟，我们的卡车来了，大伙都上了车，然后车子向西起动。为什么要向西走呢？这是我们对开罗、金字塔和苏伊士运河梦想的终结！原来，阿兰哈尔法战役已经结束了，我们失败了。

在中东英军总司令亚历山大举行的一次晚宴上，蒙哥马利向他尊贵的外国朋友们宣告："诸位放心，埃及已经解除危险了，我将最终消灭隆美尔和他的'非洲军团'，这一点是肯定的。"

凯塞林元帅很快便获知了装甲军团开始撤退的消息。当天下午5时30分，他赶到隆美尔那里，面色严峻地警告他："你的撤退命令将会破坏元首的伟大战略部署。"但隆美尔未予理睬，他只绘声绘色地描述了英国空军可怕的地毯式轰炸，并请求从根本上改善给养状况。凯塞林认为，隆美尔正是利用给养短缺为借口，以掩盖他自己低落的士气。

就这样，隆美尔的军队开始缓缓地撤退。

由于燃料奇缺，在白天进行大规模的撤退是不可能的。"非洲军团"的大部分部队只好在原地做好撤退的准备，饱受英军飞机和炮火的连续轰击之苦。到了晚上，军团才开始大规模撤退，隆美尔要求坦克尽可能以步兵跟得上的速度向后撤退，以免英军乘虚而入。

2日夜，英军空袭越来越猛。隆美尔的私人秘书阿尔布鲁斯后来回忆：

> 我们从未经历过那天晚上如此猛烈的轰炸，尽管我们已经在92号高地做过十分妥善的疏散，但是离炸弹的距离还是很近。我们的战斗梯队许多士兵阵亡，3门88毫米口径高射炮和许多弹药车被炸毁。

到9月6日时，隆美尔的"非洲军团"大部已退到了原来的位置。在南边，他们控制着英军的一些地雷区，增强了防御能力，但这不过是一点小小的安慰罢了，这场长达6天的战斗，结果更有利于英军。

战后，有人曾对隆美尔的这次失败进行过调查分析。首先，失败的主要原因在于德军的绝密材料被侦破，这一点已经十分清楚；其次，很重要的一点是隆美尔当时过于疲劳，无法了解整个战斗情况，致使许多措施当时对他十分不利。

凯塞林很无奈地说："这场战斗对于过去的隆美尔来说是不存在任何问题的，在侧翼进攻敌军的战斗已经取得胜利的情况下，他绝对不会撤退。今天我已经了解到，他的士兵们对他下达的撤退命令永远也无法理解。毕竟他当时已经从侧翼包围了敌军称之为最后希望的防御线。"

希特勒在他的言谈中也流露出了对隆美尔撤退决定的不满："无疑，可以肯定他在进攻中撤退的做法是极端错误的。或许是由于受到了4000吨油船沉没的影响吧。可为什么不继续进攻呢？这对于我们来说简直是个谜。我们已经再次使英军处于溃败的境地，我们只需要追击敌军，并彻底消灭他们就行了。"

希特勒还说："看来，让一个人长久地承担一项重大的职责，这种做法是愚蠢的，随着时间的推移，有必要让他从这种沉重的负担中解脱出来。"

同一天，中东英军总司令亚历山大给英国统帅部发去一份蒙哥马利亲笔起草的报告，请求英国媒体不要宣传英军的战绩，如果一定要宣传，希望要记者按以下概要发布：德军装甲部队大举进攻英军南部翼侧，战斗进行了5天，战况激烈，德军被英军各兵种联合作战击退。德军损失惨重，英军损失较小。

事实上，蒙哥马利之所以打败隆美尔，与其说是物质上的胜利，倒不如说是心理上的胜利。隆美尔利用保留被占领的英军雷区和重要的卡伦特·希梅麦特高地进一步增强了自己的防御线，这就使他能够清晰地观察到蒙哥马利的南翼。德军伤亡并不算严重，仅有536人死亡，38辆坦克被击毁。而英军，尽管他们牢牢地站住了脚跟，而且处于防御地位，却损失了68架飞机、27辆坦克，并有更多的人员伤亡。然而，英军能够及时弥补这些损失，隆美尔却无能为力。特别是经过6天的战斗后，他已经消耗了400辆卡车，正如局势表明的那样，11月间他将为运输工具的不足而深感忧虑，而此时英军物资储备丰富，官兵们士气高昂。

在隆美尔宣布停止进攻的同时，蒙哥马利也下令停止这次战役。同时，英军方面对蒙哥马利放弃这样一次将隆美尔及其非洲装甲军团一网打尽的大好时机也议论纷纷。有人指责他是放虎归山，将会后患无穷；还有人认为，蒙哥马利是被隆美尔的名望和他那闻名遐迩的反击才华所震慑。但蒙哥马利自己辩解说："依照我们目前的训练和装备水平，我认为轻率地与敌人去硬拼是不可取的。"

其实，蒙哥马利的真实想法是不想让隆美尔过早过远地向后撤退。他要把隆美尔吸引在阿拉曼防线附近，这样"将使他们始终处于补给困难的境地"。而只需等到第8集团军在各方面都准备充分后，他就可以向隆美尔发动"致命的进攻"。

时任美军第1装甲军军长的巴顿对蒙哥马利如此"保守"的战斗风格这样评价："他更关心的是不打败仗，而不是如何取胜。"

艾森豪威尔对此给予了公正的评价，他说："在战争中，评价一位司令官的唯一标准是他胜利和失败的总记录。只要是一个经常打胜仗的将军，他就理应因其才能、因其对事物可能发生的情况表现出的判断力，以及因其领导能力受到赞扬。有些人指责蒙哥马利，说他有时未能取得最大的战果，但他们至少必须承认，他从未遭到过一次惨败……要好好地记住，慎重和怯懦不是同义词，正如勇敢不等于鲁莽一样。"

战斗结束后，蒙哥马利写信给英国的朋友："我与隆美尔的初次交锋是饶有兴味的，我幸好还有时间收拾这个摊子，进行筹划，因而能毫无困难地就把他给解决了。我感到我在这场球赛中赢得了第一轮，这一轮是他发的球，下次该轮到我发球了。"

阿兰哈尔法战役是蒙哥马利来到非洲后指挥的第一个胜仗。蒙哥马利由此而身价倍增，他一下子成了第8集团军和整个中东地区英军的救星。丘吉尔在议会中的日子也好过多了。胜利使得许多议员都忘记了英军以前

沙漠烽烟 阿拉曼争夺战

的惨重损失，他们急不可耐地要求蒙哥马利尽快进攻，一举消灭隆美尔的军团。

阿兰哈尔法战役结束后，蒙哥马利便开始着手研究怎么样在阿拉曼彻底击败隆美尔。通过"超级机密"和各种侦察手段，他对隆美尔的防御部署一清二楚。然而，隆美尔建立的防线是一种由工事和爆炸性障碍物组成的绵亘防线，在沙漠作战的历史上还没有人遇到过这样的防线，如何突破这种防线，是困扰蒙哥马利的头等问题。

为了彻底消灭隆美尔的"非洲军团"，英国政府为第8集团军运来了大批的援军和装备。到10月底，初尝胜果的第8集团军已经成了拥有7个步兵师、3个坦克师和7个旅共计23万人的强大兵团，仅坦克就有1100辆，其中还包括400辆先进的美制"格兰特"坦克，而此时的"非洲军团"人数尚不足8万，坦克也只有540辆，两相比较，其实力简直不可同日而语。

接近弹尽粮绝的"非洲军团"无望而坚决地同英军对峙在阿拉曼一线。在此期间，没有后勤供应之忧的蒙哥马利一直在悄悄地积蓄力量，准备在适当的时候对"沙漠之狐"发起致命一击。由于蒙哥马利采取了一系列近乎完美的战场欺骗行动，使得隆美尔对英军即将开始的大进攻毫无察觉。所以，当阿拉曼战场上万炮齐鸣时，"非洲军团"的精神领袖隆美尔正无奈地躺在医院里接受治疗。

第八章

盟军取得压倒性优势

久经沙场的隆美尔决意要打一场步兵防御战。德军在主要防御地带建造了一个规模庞大的地雷网,包括反坦克雷、防步兵雷等,这条防御地带便是军事史上著名的"魔鬼花园"。1942年10月23日夜,蒙哥马利将军指挥的英联邦军队开始冲击"魔鬼花园",阿拉曼战役正式打响。

第一节

"魔鬼花园"

英军在阿兰哈尔法的胜利让隆美尔和他的德军指挥部有了一个清醒的认识,即随着这次进攻的失败,德意联军夺取苏伊士运河的计划恐怕很难实现了。

隆美尔对这次进攻战的失败总结出三点原因:第一,情报部门工作太差,战前掌握的英军实力与实际情况大相径庭,使得德军战前准备不够充分;第二,没想到英国皇家空军如此轻而易举地就取得了制空权,德军太依赖曾经发挥过巨大作用的88毫米口径高射炮,而此次战斗中它的威力没有得到发挥;第三,物资和燃料严重缺乏,部队连续作战,官兵的温饱得不到保证,而这是最关键的原因。

"事情到了这种地步,我们只能先打一场防御战了,进攻的事只能另做打算。"隆美尔无奈地下达了这样的命令。

为了抵御英军炮火和空中轰炸,隆美尔组织了完备的防御系统。他认为英军的主要攻击目标将是德军布雷区战线,因为那里所有的布雷区均无人驻守,所以应该在那里布下成千上万的地雷和陷阱。在蒙哥马利发起进攻前,隆美尔的部队沿64公里的前线埋下了将近50万颗地雷。某些地段,地雷分几层埋下,这样可以使英军排雷工兵不知所措。即使他们发现并清除了上面一层地雷,下面还有一层地雷会爆炸。另外,德军还埋设了一些手榴弹和炮弹,与地雷拉线并联在一起,成为地雷阵的一部分。在地雷阵的后面,依次部署着步兵、炮兵、反坦克兵和装甲兵。这个防御地带就是赫赫有名的"魔鬼花园"。

9月份，同盟国和轴心国的军队似乎形成了难得的默契，他们谁也不主动攻击，数日来硝烟弥漫的北非大漠突然间安静了许多。这个时候最高兴的当然是那些很久都没有休息过的前线官兵，轴心国这边尤其显得热闹。

隆美尔的指挥部想方设法地给士兵们找事做，白天主要是进行必要的体能训练和建造地雷网，晚上的时间则用来举办演讲会、音乐演奏会、棋类比赛等丰富多彩的娱乐活动。为了活跃部队气氛，调整一下紧张的神经，指挥部还特别抽出十几名具有喜剧表演才能、很会逗人笑的士兵组成一个演出团，在各部队单位进行巡回演出，受到了官兵们的热烈欢迎。另外，各部队还结合实际分别举行了一些有特别意义的纪念活动，最有意思的是第25炮兵团举行的"第8万发炮弹开炮仪式"和第15装甲师的厨师们举行的"第400万个面包烘烤仪式"，从他们那兴奋的眼神和放松的表情上可以看出，这些日子官兵们过得非常愉快。

由于阿兰哈尔法战役的失败，最高统帅部对隆美尔的指挥才能产生了怀疑。隆美尔自己也深深陷入了难以自拔的痛苦之中。这是一场他实在难以承受的失败，这场失败似乎也使他的病情变得更为严重，他不得不向德国最高统帅部提出了回国疗养的请求。

"都9月份了，接替我的人怎么还没有来，元首不会又不派人了吧。"隆美尔自言自语。

"元帅，您安心在这里养病，元首会体谅你的，先洗个热水澡吧，现在您最重要的是放松心情，毕竟您的健康状况不是很乐观。"隆美尔的私人医生霍尔斯特劝道。

在极其简陋的浴室里，隆美尔一边泡着热水澡一边想："时间过得真快啊，有6个多月没有见到露西和儿子了。"想到儿子曼弗雷德，一种莫名的失落涌上心头，"儿子还会崇拜这个打了败仗的爸爸吗？"

洗完澡，隆美尔再一次拿起了办公桌上的信。这是儿子曼弗雷德第一次用打字机打给他的家信：

沙漠烽烟 阿拉曼争夺战

亲爱的爸爸：

告诉您一件非常有意义的事，我学会用打字机打字了，不过还不太熟悉。这次，我没用笔给您写信，您不会生气吧。您可能不知道，打字真是不容易啊！同样的时间我都能写好10封信。听说您要回来休假，真是太好了，我盼望着这一天早点到来。

我正在阅读最近的《法兰克福》杂志，里面有一篇文章提到了您，当记者询问您在法国指挥过的那个师的士兵们处境如何时，他们是这样说的："我们的右翼没有友邻部队的支援，侧翼得不到掩护，后方也没有兵力，但是我们的隆美尔元帅始终站在部队的前列！"

您知道吗，听到这些话我是多么为有您这样的爸爸而骄傲啊。爸爸，我要以您为榜样，永远为祖国而战斗！

永远爱您的儿子曼弗雷德

隆美尔看着儿子充满温情的来信，想想当下的处境，不禁长叹一声："唉，都是那些可恶的意大利人，他们没有给爸爸运来燃料和食品，要不爸爸怎么会撤兵呢？"

1942年9月19日，接替病中的隆美尔的人到达。他就是坦克专家格奥尔格·施登姆将军，个子高大、脾性温和。在和施登姆将军交接的过程中，隆美尔一再强调，蒙哥马利无法对军团的侧翼进行包围，可能将从正面进行突破，因此，必须大力加强正面防御。隆美尔最后叮嘱道："一旦英军发动大规模进攻，我将会停止休假，提前赶回来。"施登姆皱了皱眉头，已看出隆美尔似乎对他的指挥才能很不信任，心里顿时大为不悦。

9月23日，隆美尔怀着沉重的心情飞离非洲。当天，隆美尔先飞到意大利罗马会晤了墨索里尼。他抱怨供给短缺，同盟国占有空中绝对的优势。但意大利独裁者墨索里尼却没有多少兴趣听他的这番抱怨，他认为这位曾经威震北非的"沙漠之狐"现在的病情完全是因为心理上承受不了失败的打击所致,"因为他一直习惯于打胜仗和到处受人尊崇"。不过,墨索里尼最终还是答应近期将调拨大量的法国船只加强对非洲的后勤补给。这使隆美尔在离开意大利时,对装甲军团担忧的心理负担稍稍减轻了一些。

之后,隆美尔回到了首都柏林,在帝国宣传部部长戈培尔家里住了好几天,在漂亮的戈培尔夫人的悉心照料下,隆美尔渐渐改变了刚从非洲回来时与人格格不入的性格,开始不再那么大发脾气了。白天,他忙着整理准备向希特勒汇报的各种资料。晚上,他应戈培尔全家的请求,讲述他在非洲的战斗经历。他特别提到了意大利贵族军官们平时是如何风度翩翩,但一到战时却又是如何怯懦,"他们甚至慌乱到连逃跑的方向也辨不清"。这些生动的描述总是使戈培尔一家捧腹大笑不已。当他讲到自己是如何逃脱死亡和被俘的危险时,戈培尔一家又会爆发出钦佩和恐怖的尖叫声。这位极具表达力的元帅让戈培尔全家人度过了一个个美好的夜晚。

作为回报,戈培尔给隆美尔放映了一些有关北非战役的新闻纪录片。戈培尔夫妇明显地感受到,隆美尔在看到自己率军攻占托布鲁克及追击英军第8集团军进入阿拉曼的情景时,内心热血沸腾,信心和活力仿佛又重新注入了他的躯体。

9月29日,戈培尔还向隆美尔透露,元首一直在考虑在战争结束后让隆美尔担任德国军队的总司令。而他个人也表示坚决支持,他认为:"像隆美尔元帅那样的人当然有能力承担起这一职务,他在战场上赢得了荣誉,而且思想鲜活敏捷,并且具有抓住主动权的能力。"

9月的最后一天,隆美尔轻快地走进了帝国总理希特勒的书房,接过了一个里面装有元帅权杖的黑皮箱。希特勒身后站着凯特尔、副官施蒙特以及其他聚在那里的官员。隆美尔身后站着他的助手阿尔弗雷德·伯尔恩德。

隆美尔连珠炮似的一口气道出了他所需要的供应物资,并描述了一种美国制造的新式炮弹,这种炮弹能够穿透装甲车,同盟国军队把这种炮弹用在战机上来对付德国的装甲车,具有很大的摧毁性。

希特勒对隆美尔关注非洲补给问题表示理解,并表示这一问题有望很快获得解决，因为大量的"西贝尔"平底渡船将投入到后勤补给船的行列。德国工程师西贝尔发明的这种平底船吃水极浅，可让鱼雷从它的底下溜过去；船上装备有好几门速射高炮，不惧怕空中攻击。即使没有军舰护航，这种船也一样可以安全驶抵非洲。当然，这种船也有一个重大缺陷，由于吃水过浅，所以它在波涛汹涌的海面上难以航行。但是在地中海中，海面绝大部分时间都是风平浪静的。

为了重新唤起隆美尔和他自己的信心，希特勒还自欺欺人地向隆美尔展示了德国军工生产的各种数据。"我们强大的军事生产能力完全可以抵得过美苏英三国军工生产的总和，任何怀疑我们这种能力的想法都是愚蠢的。"他向隆美尔保证，不久将向非洲增派三个多管火箭炮旅，"这种多管火箭炮是英国人从来没有见过的，一旦将它们投入使用，将会使英国人感到恐惧"。另外，他还答应抽调50辆最新型"虎"式坦克和大量的新型反坦克炮运往非洲，"我们的虎式坦克将会使敌人的反坦克炮失去作用，而我们的反坦克炮将会击毁敌人任何型号的坦克"。

虽然希特勒说话漏洞百出，甚至自相矛盾，但对于已经对非洲战局快要感到绝望的隆美尔来说，元首的许诺就像给自己打了一针强心剂。他仿佛看到，获得这些最新式武器的装甲军团正势如破竹地追赶英军，一直从阿拉曼抵达了苏伊士运河。

隆美尔还把泄露情报也归咎于意大利人。"我们从被俘的英军官兵那儿得知，是意大利人向他们告的密，是他们向英国人泄露了我们的一举一动，致使我们掉进了英国人早已设下的陷阱里，"隆美尔气愤地告诉希特勒，"当然他们的大部分士兵是好的，但是他们的军官却都是一些无用的家伙，是一伙叛徒。"希特勒对隆美尔的抱怨一直静静地听着，虽然他也一样厌恶意大利人，但目前的局势使他不能失去意大利人的帮助，"好了，我会把你所说的这些情况告诉墨索里尼的，让他设法改变这种状况。但是，你也知道，我们不能没有意大利人，如果他们站到了敌人一边，那将会使我们遭受更大的威胁"。

为了安慰一下沮丧的隆美尔，希特勒邀请他参加下午在柏林运动场举行的群众集会。在纳粹分子的欢呼声中，希特勒亲自向隆美尔授予了所有军人都梦寐以求的镶有钻石、闪闪发光的元帅权杖。所有的广播电台都播送了希特勒大肆赞美隆美尔战绩的演说。一时间，隆美尔再次成为所有德国人心目中的英雄。

10月3日上午，隆美尔出席了戈培尔为他举行的记者招待会。面对各国记者言辞激烈的提问，隆美尔平静地表示：

> 今天，我们已经站在距离亚历山大和开罗只有80公里的地方，通向埃及的大门已经掌握在我们手中，我们准备采取进一步的行动！我们并没有放弃那里，我们还会重新打回去的。有人希望把它从我手里抢走，但我要告诉大家的是，它仍然牢牢地控制在我们手中！

隆美尔说这番话的时候依然显得那么有底气，也不知是什么让他突然增添了信心。

当天中午，在跟希特勒和其他将帅们告别后，隆美尔登机离开了柏林。几个小时后，他终于又回到了露西的怀抱。

第二节

不打无准备之仗

蒙哥马利吸取了英军在北非连遭失败的教训,坚持不打无准备之仗。他谨慎细致、沉稳如山,在制订和坚持作战计划方面深深地打上了自己的性格烙印。

9月14日,蒙哥马利制订了阿拉曼战役的进攻计划,代号"捷足",实施时间暂定于10月23日夜。兵力部署:利斯将军率领第30军,辖澳大利亚第9师、苏格兰第51师、新西兰第2师和南非第1师,从北面主攻"非洲军团"阵地,负责歼灭"非洲军团"的步兵部队,在雷区开辟两条通道,占领开阔地带,阻击隆美尔装甲部队的反攻;第13军军长霍罗克斯率领第7装甲师、第44师和第50师在南面实施佯攻,牵制隆美尔的装甲部队,支援第10军展开战斗。同时,他强调第13军一定要避免严重损失,特别是第7装甲师务必要保存实力,以便在向德军防线的纵深地带推进后能够机动作战。

蒙哥马利准备同时进攻"非洲军团"的两侧,但是不打算率先从两侧发动进攻,而是从中央偏右处进攻,待第30军突破防线后,根据具体情况选择最佳攻击方向。

9月16日,蒙哥马利在第8集团军军事会议上提出"捷足"计划,与会军官都没有反对。远在伦敦的丘吉尔知道后,不同意"捷足"计划的进攻日期。

9月17日,中东英军总司令亚历山大在办公室里接见了第8集团军司令蒙哥马利，商讨下次作战事宜。

"将军，有件事我要同你商量一下。"亚历山大边说边递给蒙哥马利一封电报。电报是丘吉尔发来的，电文上写着：

> 你部来电提到10月23日发起"捷足"攻势一事，经与内阁及帝国总参谋长商议认为，进攻必须在9月份进行，这样做是为了配合苏联红军的攻势和盟军计划于11月初在北非海岸西端开展的"火炬"登陆行动。

蒙哥马利看过后，瞟了眼亚历山大，慢条斯理地说道："显然，首相还是抱着9月份进攻的计划不放。这简直是发疯。"

"就我们部队的情况看，什么时候发动进攻为好？"

"这是明摆着的，如在9月份进攻，我们各项准备都来不及，攻了也要失败；如果延至10月，我保证可获全胜。"

说到这里，蒙哥马利顿了顿，抬高了嗓门："再说，我一来到第8集团军，就曾向全体官兵保证，在没有做好准备之前不会发动进攻。军中无戏言，我不能言而无信。假如首相命令我9月行动，那就让他另请高明好了。"

亚历山大平静地说："首相的目的是想配合苏军的一些攻势，同时与盟军11月初在法属北非海岸登陆的'火炬'计划相呼应。我认为'捷足'计划只能在'火炬'计划发动前两周实施，这时我们就能够歼灭隆美尔的大部分部队。"

说到这里，亚历山大拍了拍蒙哥马利的肩，微微一笑："我的将军，切莫意气用事。我同意并支持你的意见。我来找你，不是逼你按首相的意见办，而是商量怎样更好地答复首相，让他明白我们面临的实际困难。"

之后，亚历山大根据蒙哥马利的意见回复了丘吉尔，表示进攻无法提前，必须推迟到10月。收到亚历山大的电报后，丘吉尔大发雷霆，不过最终还是同意了。

丘吉尔的同意让蒙哥马利得到了一定的时间进行士兵训练和重组这两

大棘手的工作。蒙哥马利接下来是调整第8集团军的高层指挥员，他认为不合适的将军一律换掉。蒙哥马利做出了一个惊人的决定：撤换第7装甲师师长伦顿。这个决定连他的参谋长德·甘冈都难以理解。蒙哥马利对伦顿的评价是这样的："伦顿师长是勇敢的，但他的思想有些僵化，有时并不是那么听使唤，对接下来的战斗是不利的。"

知识拓展

◎ 训练、重组和可移动厕所

蒙哥马利认为，英军在北非沙漠连遭挫折的重要原因之一是缺乏严格的训练，任何灵巧的现代化武器系统都不能代替受过训练、富有经验和作战勇敢的士兵，只有严格训练才能锻炼出一支有战斗力的、指挥起来得心应手的部队。蒙哥马利决心要把这支队伍变成一支具有一流战斗力的部队。他把许多部队调出前线，派往后方，依据沙漠作战的根本原则，对他们加以整训，并让他们在与阿拉曼一带地形相似的地区进行野战演习。在沿海一带，他还设立了6座新的反坦克训练场，新兵们操纵着炮弹只有6磅重的反坦克炮朝安放在一条活动传输线上的模拟坦克靶开火射击。附近，一所排雷学校也建立了起来，56支工兵部队在此接受排雷技术训练。

9月29日，英军第44师在对"非洲军团"的一次袭击中遭到重大损失，其中有两个旅由于损失较大而被解散。第44师受损失的主要原因是缺乏经验和忽视沙漠战的特点——侦察搞得很差；没有获得敌人阵地的准确情报，大量支援炮火都浪费了；部队甚至还没有掌握如何在夜间通过没有地形特征地区的技能。蒙哥马利得知第44师受损失的原因后，立即督促整个第8集团军抓紧军事训练，下令没有充分的技术训练、心理训练和体质训练，不得将部队随便投入战斗。

为了通过隆美尔布设的地雷区，蒙哥马利的训练大纲中最重要的训练项目是扫雷分队的训练。第8集团军工程兵指挥官基希准将全权负责此项训练。基希搜集了资深的军官们对扫雷的看法，然后把这些看法告诉了具体负责扫雷分队训练的穆尔少校并指示说："我认为我们应当进行一次扫雷训练，正像我们进行火炮的装弹和射击训练一样。去吧，一星期后再带着你的建议来找我。当你制定出了你的训练方法，并由我批准后，你就可以成立第8集团军扫雷学校了。"在穆尔的领导下，这个扫雷速成学校成立了，并制定出了一套训练方法，在进攻发起前共训出了56组扫雷人员。

基希还制造了一些机械工具帮助地雷工兵执行危险的扫雷任务。他把20多辆"玛蒂尔达"坦克改装成了扫雷装置，这种扫雷装置在向前运动时能够用它的旋转轴的旋转链条鞭打前面的土地。由于它鞭扫土地时掀起滚滚沙尘，从而使机器过热，因而在阿拉曼战役中没有发挥太大的作用。不过，这是在野战条件下对一种有价值的扫雷装置的试验。后来，这种扫雷装置在英国做了进一步的改进，在1944年诺曼底登陆战役中发挥了重大作用。在阿拉曼战役中，用处较大的是发给3个军的500多个地雷探测器。这种地雷探测器探测速度快且安全。为了在布雷区开辟通道，地雷工兵还准备了长达200多公里的标示带和88775盏灯。

蒙哥马利的第8集团军除辖第13军和30军外，又组建了第10军。托布鲁克陷落后，罗斯福慷慨提供的300辆谢尔曼坦克9月份终于运抵尼罗河三角洲，全部拨给第10军的第1、第10装甲师。这两个装甲师为熟练掌握新装备的性能进行了大量的更为艰苦的训练。

蒙哥马利对部属实行数个星期严格的训练计划，他的部属开始为"胜任战斗"做准备。但隆美尔的德意联军却不断传出折损，数个月的沙漠作战开始造成伤害，隆美尔官兵的病倒比例几乎是蒙哥马利官兵的三倍。英军为何会有这么大的优势？原因出在英军某个秘密武器。

那便是——可移动厕所。

第二次世界大战期间，"沙漠之狐"隆美尔的北非军团与蒙哥马利的联军在北非正面对敌，双方厮杀得异常激烈，在战况最为残酷的阶段，隆美尔却患上了严重的痢疾，不得不回国治疗，而就在他离开阵地回国治疗的这段时间，曾经战无不胜的"非洲军团"却兵败如山倒，被蒙哥马利赶出了北非。后来很多军事学家都在研究北非战场的利弊得失，研究"非洲军团"失败的原因，其中一个致使"非洲军团"

盟军可移动厕所

沙漠烽烟 阿拉曼争夺战

失败的原因令我们深思，那就是糟糕的卫生状况严重折损军队的战斗力，让强悍的"非洲军团"不得不付出沉重的代价。

在北非战场上，四野茫茫，上厕所似乎不成为一个问题。德军和联军采用的是不同的上厕所的方法。德军为突出闪电战的特点，士兵就在军营附近随地解决，而联军则为士兵制作了带盖子的可移动的厕所。北非荒原苍蝇很多，苍蝇飞到士兵的排泄物上又飞到食物上，导致德军痢疾大暴发，连隆美尔都不能幸免，致使战斗力急剧下降。联军因为卫生的处理方式，很少有士兵得痢疾，保存了珍贵的战斗力。一个小小的厕所，决定了北非战场的胜败。

英国军队对确保大家遵守非常仔细的卫生规定几乎有一种偏执，对于上厕所有非常严格的规定：哪里可以上，该怎么上，以及之后如何清理。洞要挖得越深越好，排泄物才会埋在深处。士兵要携带随时可用的便携式厕所，且要清理得很干净，几乎随时可用，盖上去，苍蝇就飞不进来，要用时再打开来。

隆美尔的"非洲军团"依靠速度和快速移动取胜，他们没什么时间精心建造公共厕所，士兵会到沙漠里随处拉屎再回来，这会引来苍蝇，苍蝇停在食物上，很快就引发痢疾。用不着敌人进攻，痢疾就能让数百人失去战斗力。肮脏环境正在侵蚀隆美尔的军队，连他自己也无法幸免，他的胃和肝开始出毛病。医生要他请病假，但他拒绝，他要先一鼓作气地解决掉蒙哥马利，然而，就在隆美尔沉思下一步时，蒙哥马利的官兵们在训练数周后，体能状态达到巅峰。接着最后一块拼图也完成，他收到美国送来的礼物——300辆新谢尔曼坦克和援军。

现在蒙哥马利无论是在坦克数量上，还是在士兵人数上，都多于隆美尔。蒙哥马利就在补给港口旁作战，隆美尔却在此前就已经吃够了补给缺乏保障的苦头。

在做好高层指挥官的调整工作后，经过反复思考，蒙哥马利确定了对付隆美尔的作战方案，准备分三路同时出击：

在强大的炮火掩护下，利斯将军的第30军的4个步兵师将从北边进攻，长达10公里的战线北起海边的特艾沙山，向南一直到莱特尔牙山梁，步兵和地雷工兵将清除沿途的地雷，攻下德军步兵阵地和炮火掩体。然后，赫伯特·兰姆斯登将军的第10军的坦克将冲上前去，砸碎轴心国军队的防线。在南边，霍罗克斯将军的第13军将主动出击，牵制住那一地区的德军装甲部队，进一步使德军搞不清第8集团军的真正目的。

同时，盟军飞机将轰炸德军阵地，袭击轴心国的机场，使敌军飞机在防守中发挥不了作用，这一作战方式被蒙哥马利将军称为"粉碎性作战"。

"粉碎性作战"是蒙哥马利创造的一种新式的沙漠地带作战战术。他一改过去的以密集的装甲部队歼灭敌军装甲部队、继而再扑向暴露的步兵的战法，而是首先歼灭德军的非装甲部队，同时将德军装甲部队隔开，不让他们前往接应，最后再来对付失去步兵保护的装甲部队。对此，蒙哥马利说："过去一般公认的原则是，应当首先着眼于消灭敌军的装甲部队，且这个任务完成了，敌人的非装甲部队就很容易对付。我决定把这个原则颠倒过来，先消灭敌人的非装甲部队，暂不打他的装甲师，留待以后再收拾他们。"

这一大胆的不合常规的战术引起英军装甲师及步兵指挥官的担心和反对，几乎所有的师长都对蒙哥马利的这一计划毫无信心，就连丘吉尔首相也不无担心地说："发明坦克的本意就是为了在敌人机枪火力的威胁下替步兵开辟道路，现在却要步兵来为坦克开辟道路，在我看来，这是一项非常艰巨的任务。"

但是，蒙哥马利预计，只要从侧翼和后方对扼守阵地的德军非装甲部队进行夹攻，采用"粉碎性"打击予以消灭，隆美尔的装甲部队就无法守住夺来的地盘，在这种情况下，隆美尔会由于补给不足而始终处于岌岌可危的境地，唯一的出路就只有撤退。

为了保障战役成功，蒙哥马利还进行了充分的"骗敌计划"，它是沙漠战中迄今为止最精巧的欺骗计划，代号为"伯特伦"。首先是伪装前沿地区的巨大的弹药和其他作战物资堆集所。其次是用假车辆假扮坦克和其他车辆的运动，使敌人对大量部队在作战地域的集结渐渐习以为常，夜间则用突击部队的真作战车辆把已经"在位"的假车辆换下来。

为了迷惑轴心国的空中侦察，英军用木材和帆布拼凑出了3个半团的野战重炮模型，并且都有操作的炮手模型安置其中。令人啼笑皆非的是，他们甚至还造出一些模型士兵蹲伏在模型厕所之上的场景。一条由众多空汽油罐摆设而成的假输水管道向南延伸20英里，进入沙漠某处。在这里，英军又用了700余堆模型的军需品加以点缀。这些紧锣密鼓地正在加以实施的工程有心向轴心国暗示：直至输水管道完工之后，进攻才有可能开始。最终，英国人还是学会了隆美尔的欺骗术，并且还有点"青出于蓝而胜于蓝"的味道。

这一计划的成功运用，伦敦控制处的中东分支机构A部队首脑达德利·克拉克上校功不可没。他的部队先是在英国，后来是英美两国专门负责在近东和地中海地区搞伪装欺骗的组织。克拉克上校40岁出头，精明干练，是专门从事秘密战的专家。他曾做过陆军炮手，热衷于研究英布战争时期的战术。早在1940年，他就从伦敦来到中东，协助韦维尔将军对意大利的入侵军队实行欺诈战术。

接到这样一个必须完成的重大任务，克拉克上校哪敢懈怠，他找到手下的两位伪装专家——电影布景师巴卡斯中校和魔术师马斯基林少校，搞出了这份"伯特伦"计划。该计划是将6000吨储备补给品悄声无息地隐藏在战线方圆8公里的地方。巴卡斯在那里发现了一年前修建的纵横交错的石砌掩壕，他以敏锐的职业洞察力马上断定，如果将油桶堆在里面是不会有光线

伪装坦克

或阴影变化的。随后，拍出的航空照片果然证实了他的判断。仅用了3个晚上，2000吨汽油便安全藏在掩壕里，又用了3个晚上将余下的4000吨作战物资堆积成10吨卡车的样子，并且修了顶盖，看上去像是兵营。

接下来要做的是隐藏火炮。蒙哥马利计划在北部以1000多门大炮齐射，拉开"捷足"战役的序幕。尽管大炮伪装起来很难，但是专家们还是想出了简单易行的方法，即把它们藏在假的3吨卡车下面，仅用了一晚上包括牵引车前车和火炮在内的3000件装备便伪装成了1200辆卡车的样子。开战前，火炮进入发射阵地后，1200辆假卡车要迅速装配起来，以充当已经撤走的火炮。

北方隐藏进攻意图的同时，伪装专家们还在南方做一副要发动进攻的样子。在南部地带，他们建立了大型模拟补给仓库，建造加油站和燃料库，铺设油管，而且故意放慢速度，为的是让德国人相信，11月前英军是不可能竣工的，自然就更不可能发动进攻了。

蒙哥马利高度赞扬了克拉克和他手下人的杰作，一切准备就绪，就等着德国人前来进攻了。

第三节

蒙哥马利的月亮

隆美尔所担心的盟军空中优势，已变得越来越明显。

连日来，英国皇家空军的轰炸机群排着整齐的队形飞行，场面煞是好看，德军士兵们把它们称作"集合大表演"，因为它们很像战前纳粹集会的飞行表演。

最多的一天是10月9日，英国皇家空军先后出动了500多架飞机，对德军装甲部队进行不断地骚扰。深受燃料缺乏之苦的德国空军只好出动10多架战机应对。德军的神经已经麻木了，竟然有一名炮兵下士背上挂着一个牌子，上面写着："别开炮！"这些轰炸机在9月到10月间，几乎每天都骚扰德国装甲部队，给德军造成了一定的心理压力。

10月15日，根据英国情报机关的报告，蒙哥马利掌握了"非洲军团"真实的处境。这份报告说，德军目前面临着的困难是无法想象的：食物只够吃3个星期，坦克的燃料只够用1个星期，运输车辆、零件和弹药十分匮乏。兵力严重不足，5万名德军和5.4万名意军中的大多数人是伤员。

由于隆美尔向德国最高统帅部抱怨军需物资补给匮乏，以及表达了对非洲战局的悲观看法，致使希特勒十分不满。希特勒认为隆美尔是个悲观主义者，对隆美尔能否回来继续统率"非洲军团"表示怀疑。

这份情报对英军十分有利。然而，蒙哥马利十分清楚隆美尔的防御体系特别是几十万颗地雷铺设的一系列雷区，这让他顾虑重重。要想让拥有1000多辆坦克、1000多门大炮、几千辆机动车、几万吨给养和81个步兵营的进攻部队通过视野广阔的沙漠，不被德军发现，简直是不可能的。英军每个环节的伪装或暴露都是事先经过精心策划的。

10月19日，丘吉尔亲自来到开罗看望全力筹划阿拉曼战役的蒙哥马利。蒙哥马利利用这个机会，终于说服丘吉尔，使其对此次战役充满信心。蒙哥马利说服丘吉尔后，开始全力以赴筹划阿拉曼战役的各项细节。尽管这些细节中有关于作战的，有关于行政勤务的，看起来非常复杂，但他却做得一丝不苟。蒙哥马利认为只要把握好战役的基本方针，并把预备措施做好，就一定能制订好详细的计划。

10月20日，丘吉尔专门致信中东英军总司令亚历山大，强调阿拉曼战役将是一场"对未来有重大影响的战役"，这场战役的成败关系到能否打败隆美尔的"非洲军团"，还会影响到盟军随后发起的"火炬"行动。如果失败，盟军战略计划会被全盘打乱。此时，丘吉尔相信蒙哥马利一定会胜利。

10月21日，英军的一切伪装和欺骗手段都做得天衣无缝，德国人已经相信英军将从阿拉曼防线以南发起进攻。蒙哥马利下令，禁止手下人的一切休假和外出活动，所有人员马上归队并做好战斗准备。此前，英军官兵们的休假和外出活动之所以正常进行，是为了麻痹德意联军。

10月下旬，英德两军在空中力量的情况是：英军有605架战斗机和35架轰炸机，德军有347架战斗机和243架轰炸机。连隆美尔都不得不承认："已经没有力量来对付敌军的空中优势了。"

与此同时，"魔鬼花园"防御地带后面的步兵什么都短缺，他们需要坦克、大炮、弹药、卡车、食品，当然更需要燃料。其实，隆美尔早在度假前，就向最高统帅部大本营递交过报告："元首阁下，有一点非常清楚，如果没有足够的供应品及时运抵北非，要想继续维持'非洲军团'的胜利几乎是不可能的。"

计隆美尔没有想到的是，9—10月希特勒给"非洲军团"运来的燃料总共还不到所需最低数的一半。更要命的是，"非洲军团"极度缺乏食品，为了腾出地方放置更多的武器，食品的装运量被大大削减了。到10月下旬，只有不到一半的食品运来，蔬菜更是成了严重短缺的奢侈品。吃不饱

沙漠烽烟 阿拉曼争夺战

饭，加上营养不良，致使许多官兵得了肝炎和痢疾等疾病。施登姆无奈地感叹道："没止住一个漏洞，却又撕开了另外一个。"

德国最高统帅部运抵的少量军备物资使德军2支装甲师在10月份分别增加了约100辆坦克，但这远远少于蒙哥马利囤积的军备物资。第8集团军由于收到了大批美制谢尔曼坦克、大量反坦克大炮和榴弹炮，所以无论在装备质量上还是在数量上都占有绝对优势。蒙哥马利利用这段空隙集结了一支强大的部队，并对其进行了充分的训练。

10月22日夜，第8集团军的进攻部队进入了集结地带。

10月23日一整天，他们都躺在战壕里。由于英国空军掌握了战区的绝对制空权，德意空军无法进行有效的空中侦察，没有发现英军的大规模集结和悄悄挺进。

时间一分一秒地过去了，太阳落下山去，夜幕降临大地。广袤的北非大漠上皓月当空，微风习习，月光下的大沙漠像镀上了一层银箔，泛着一种幽幽的白光，给人一种强烈的荒凉、肃穆之感。突然间，大地发出了一阵剧烈的颤抖，炮弹呼啸声瞬间撕碎了静谧的夜空。英军阵地上的1000多门大炮同时向德军的炮兵阵地、堑壕、碉堡和地雷区展开了猛烈的炮击。一时间，大地震动，铺天盖地的炮弹挟着尖锐的啸声冰雹般地砸向德军，炽热的炮火把整个地中海海滨的天空映得火红。

在"二战"史上具有重要意义的阿拉曼战役打响了。

印度第4师师长弗朗西斯·图克少将曾经描述了这次令人难忘的炮击。当时他的部队部署在主战线下方的鲁韦萨特山脊。

> 从鲁韦萨特山脊下沉寂的沙漠地带传来的火炮声是从未听见过的，至少我们没有听见过，我们师的大炮也从未发出过那样的声音。在北面和南面的大片天空，电光闪闪，非常明亮，就像许多巨人在跳库塔克战舞一样，在月光下把明晃晃的剑举在头上旋转，而那声音，在我们四周，在我们头上颤动着。我曾经经历过许多次炮击——我们自己的炮击和敌人的炮击，但我从来没有

听到过如此柔和的炮声。当我说那声音在颤动的时候，我的意思是，那声音就像1000只飞蛾在展翅飞翔一样。

英军的炮火是用来压制德军的炮火的，持续了15分钟，英军第30军的408门重炮和48门中型炮同德意部队的200门野战炮、40门中型炮和14门重炮交战，英军每发射10颗至22颗炮弹，德意炮兵才回击1颗。在等待冲锋的短暂时间里，阿拉曼战场上的英国第8集团军全体官兵在震耳欲聋的炮火声中聆听了他们的司令官蒙哥马利将军发布的第一份私人文告：

第8集团军的官兵们：

你们是大英帝国的战狮，你们热切期盼的一个光辉的时刻即将来临！你们要像狮子一样勇敢地扑向敌人，消灭他们。在非洲这个广阔的舞台上，无论在哪个角落，一旦发现德国人，就打死他！勇敢和胜利自古就是一对孪生兄弟。我热切地希望你们拿出皇家军人的自豪和无畏来，在这一场决定性的战役中让自己的名字写进史册。

伯纳德·劳·蒙哥马利

1942年10月23日

1942年，亲临前线指挥的蒙哥马利将军

沙漠烽烟 阿拉曼争夺战

澳大利亚士兵"发动进攻",实际上是由英国陆军摄影师 Len Chetwyn 中士导演的。摄于 1942 年 10 月 24 日

英国第 30 军和第 13 军的士兵们在强大的炮火和空军飞机的掩护下,冒着战场上令人窒息的烟雾尘埃,向德军阵地发起了潮水般的进攻。月光下,一排排头戴钢盔的士兵,随着尖厉而急切的风笛声向前挺进,只见刺刀闪光,发出逼人的寒气。在战斗开始阶段,训练有素的德国士兵以其特有的顽强和勇敢的牺牲精神抵消了英国士兵在数量上所占的巨大优势。然而,在英军突如其来的猛烈炮火的打击下,德军付出了惨重的代价。

23 日 22 时,英军炮火打击的目标指向隆美尔的"魔鬼花园",炮弹引爆地雷,地雷竞相爆炸,阿拉曼火光冲天,顿时变成一座燃烧的地狱。

10 月 24 日 0 时,英军第 30 军 7 万多名步兵和 600 辆坦克,借助探照灯和轻高射炮对固定战线发射的炮弹的掩护,开始向德军防线靠左的中央地带发起冲击。与此同时,第 13 军在南部发起佯攻。

"将军,醒醒,快醒醒!""非洲军团"代司令施登姆正在酣睡,被一阵急切的呼声唤醒。"前线来电,英军发动了猛烈的攻势,意图不太清楚。"代替负伤离队休假的高斯担任参谋长职务的威斯特法尔上校手拿一份电报，急切地向施登姆报告。

施登姆顿时睡意全无，自言自语："这……这怎么可能，英军怎么会在这个时候发起总攻？怎么可能，怎么可能，他们不是还在修水管吗？"

"从炮火的强度来看，不像是一般的炮击，估计每分钟发射炮弹达数千发。"威斯特法尔刚说完，远处炮声响成一片。突如其来的炮声震惊了施登姆和司令部的军官们。施登姆定了定神，问："英军的主攻方向在哪里？"

"据炮声判断，应该是在北部。不过，还需要前线的报告证实。"话音刚落，电话就响了起来，威斯特法尔急忙抓起话筒。

"将军，是第21装甲师师长打来的电话，他说他们驻守在南部的部队遭到了猛烈的轰击，主攻点可能在南部。他请示是否予以还击。"

"告诉他，在搞清楚真正的主攻方向之前，不准进行炮击。我们的炮弹不多，这个情况他应该知道。"

施登姆的司令部一片忙乱，电话呼叫声、电传打字机声夹杂着叫骂声此起彼伏。来自前线的报告支离破碎，数量很少，后来就几乎没有任何报告了。显然，在英军的猛烈炮击下，通信线路已断。午夜已过，施登姆仍然没有摸清任何头绪。

就在这个时候，德军设在地中海海岸的观察哨发来电报：

英国军舰在强大的轰炸机力量的支援下，正在炮击第90轻型装甲师。此前，英国重炮已对我军阵地进行了炮击，他们的鱼雷快艇正沿海岸线向前推进，马上要抵近我们的防御区域。

"下命令吧，将军，敌人一旦从我军后方成功登陆，后果不堪设想啊。"作战参谋催促道。施登姆果断命令轰炸机和战斗机投入战斗，同时指示第90轻装甲师的预备队投入战斗，破坏英军在德军防线后方的登陆企图。

黎明时分，英军在穿越"魔鬼花园"时，步兵遭到德军防守炮火的抵抗，推进速度缓慢下来。德军新增援的第164轻型装甲师发动了局部反攻，第443炮兵营在视野空旷的条件下开火，挡住了英军的进攻。

　　这个时候，施登姆仍不清楚战场情况，他决定带上一名参谋到前线察看。他告诉司机先去预备阵地上的第90轻型装甲师那里看看。半路上，他们走错了路，来到前线。施登姆的指挥车遭到澳大利亚机枪手的袭击，随行的参谋被打死在车里，于是司机掉转车头，企图逃脱射击，并在施登姆还挂在汽车外面时就全速疾驰。这时施登姆的心脏病发作了，从汽车上摔了下去，死了，恐惧中的司机当时却未察觉。所以，德军一度认为施登姆失踪或投降了，而不是阵亡。这一无法解释清楚的消息导致"非洲军团"指挥部再次陷入一片慌乱。

　　激烈的战斗持续了一天一夜，意大利"利托里奥"师和德国第15装甲师竭尽全力顶住英军对28号高地的攻击，这个重要的山头尽管比周围的沙漠平地只高出几米，但却控制着整个战场。由于轴心国军队的顽强抵抗，双方伤亡人数都在急剧上升，装甲部队相互也攻打得十分激烈。随后，里特·托马将军接过了施登姆的全部指挥权。

·第九章·

"非洲军团"的末日

　　阿拉曼的形势越来越糟糕，希特勒命令正在休假的隆美尔火速赶赴前线。蒙哥马利开始"增压行动"，英军成群的轰炸机和数百门火炮对"非洲军团"进行地毯式轰炸，顷刻间，"魔鬼花园"已完全落入英军之手。为避免全军覆没，隆美尔企图实施边打边撤的计划，然而，希特勒"不胜利，毋宁死"的命令只能令他的计划胎死腹中。当生存的希望变得日渐渺茫之时，隆美尔违背了希特勒的命令，下令幸存下来的部队开始向富卡防线撤退。

第一节

隆美尔重返战场

10月23日，英军在阿拉曼发动大规模进攻时，隆美尔正在奥地利自己的山庄里养病，和妻子露西在一起，远离为争夺斯大林格勒而逐街拼杀的军队，远离惨遭轰炸的鲁尔城，远离埃及。他悠闲懒散，徘徊遐想，仅只读一点统计报告，如有关美国的军事力量数据以及施登姆将军从阿拉曼送来的信件。施登姆在一封信件中发誓说："由于某些政治原因，英国兵注定要发动进攻，除此之外别无选择。但他们不要高兴得太早了，我们将把他们打得一败涂地。"

10月24日中午，正在午睡的隆美尔被一阵急促的电话铃声从睡梦中惊醒，他似乎感到一种不祥之兆。电话是隆美尔的副官伯尔恩德从意大利首都罗马打来的。他告诉隆美尔，英军在强大的炮火和空军支援下，昨天夜里向装甲军团发动了全面进攻。"很显然，他们这次是想彻底消灭我们。最糟糕的是施登姆将军下落不明。"他随后问隆美尔身体恢复得怎么样了，"如果您的身体状况允许的话，元首希望你能重返非洲去指挥您的部队。"

听到这些消息，隆美尔犹如头上挨了重重的一闷棍，他拿着电话愣了好一会儿才表示，他随时愿意听从调遣。伯尔恩德答应将不断把最新战况打电话告诉他，并尽快让他得到复任的消息。

在随后的几个小时里，隆美尔就像一只热锅上的蚂蚁。他在寓所里焦急地等待着希特勒的指示，装甲军团的大部分优秀军官都已在以往的战斗中阵亡了,现在施登姆又失踪了,失去了指挥的士兵们的命运危在旦夕。现在只有他——隆美尔才能去挽救他们,才能把他们从死亡的深渊中拯救出来。

直到黄昏时,焦躁不安的隆美尔才接到了希特勒的电话。希特勒告诉他,施登姆将军到目前为止还没有找到,可能不是阵亡就是被俘了。他问隆美尔现在身体怎么样,能否重返非洲去指挥装甲军团。

当得到隆美尔肯定的回答后,希特勒又表示除非他认为装甲军团非他指挥不可,否则将尽量不打扰他的疗养。

"现在还有什么事比去拯救几万名官兵的性命更重要呢?"隆美尔当即表示他想马上回到非洲去。

希特勒此刻心中还在打着自己的主意,如果非洲战场的形势并没有到了非要隆美尔去亲自收拾不可的程度,与其让尚未完全恢复的隆美尔匆匆赶回非洲,还不如留住他,以后用于苏联战场,所以,他还是让隆美尔等待他的进一步指示。

放下电话后,隆美尔立刻打电话给他的飞机驾驶员,要他做好明天一早起飞的准备。他开始收拾行李,准备第二天启程。

21时30分,希特勒的电话终于来了。"装甲军团判断蒙哥马利的总攻迫在眉睫,现在形势越来越糟了,我不得不打断你的休养,希望你能尽快赶回非洲。"

10月25日清早,隆美尔与妻子露西依依吻别,登上了飞往非洲的"亨克尔"飞机。10时已飞抵意大利首都罗马。德军高级将领冯·林特伦将军在机场等着他。陆军元帅凯塞林已飞往战场。林特伦汇报说,装甲军团剩下的汽油只够3天战斗消耗,这消息弄得隆美尔目瞪口呆。

隆美尔咆哮道:"我离开非洲时,部队的汽油还够用8天,现在至少也得有够用30天的汽油才行。"

林特伦抱歉地说:"您知道,几天前我才休假回来,在我休假期间,后勤补给工作没有受到足够的重视。"

隆美尔越发扯开了嗓门:"那些意大利人就得采取一切可能的措施,

包括动用潜艇和海军把给养物资迅速运给装甲军团。现在就开始行动。"

早晨10点45分,他再次登上了飞机。下午2点40分,在碧波起伏、浩渺如烟的地中海上,一架"亨克尔"轰炸机正在低空飞行,这是专门提供给隆美尔旅途换乘的DH-YA型专机,飞行员赫尔曼·吉森中尉宣布:"5分钟后飞机将在克里特岛着陆。"

2点45分,克里特岛的海拉克利恩机场已映入隆美尔飞机的圆形舷窗。他走下飞机,一辆刚刚加过油的坦克迎上来,目前指挥空军第10军的瓦尔道将军在跑道上等待着他。他脸色阴郁,将阿拉曼战线的最新报告呈交给陆军元帅。报告中说战线的北部和南部同时遭到英军坦克的猛烈攻击,施登姆将军死于心脏病突发。

隆美尔转身正准备登机,瓦尔道将军上前阻止道:"我不允许您大白天乘坐'亨克尔'飞机,这会招来麻烦的。"隆美尔换乘一架漂亮的、高速的多尼尔217新式轰炸机,马上飞往埃及去了。

5时30分,多尼尔217新式轰炸机在飞沙走石的卡沙巴机场着陆。隆美尔换上他的小型斯托奇飞机继续向东飞行,天黑时又改乘汽车沿海滨公路向东狂奔。此刻,前方的地平线被炮火映得通红,隆美尔终于赶回装甲集团军司令部。当日夜间11时25分,他向全体官兵发出告示:"我再次担任全军总指挥。"

代替施登姆暂时指挥装甲集团军的托马将军干瘪瘦削,受着禁欲的煎熬,看上去俗不可耐、令人作呕。他向隆美尔报告了战况:

陆军元帅,我们的阵地已遭到严重破坏,敌人的炮兵占有绝对优势,已摧毁了我们的"魔鬼花园"。我们阻止住了敌人,但无力把他们逐出地雷场。燃料短缺。敌炮兵和空军的不断轰击使我军伤亡惨重。第15装甲师一直在防线的北面抵抗敌人,那里的战斗最为激烈。该师已损失了2/3的坦克,仅剩下40辆还能使用。

1942年10月26日，一名英国士兵向在阿拉曼战役中俘获的德国囚犯做出"V"字形手势

听了托马的令人沮丧的报告，隆美尔紧皱着额头，摸了摸下巴，问道："敌人的主攻方向在哪里？"

"从这几天的战况看，敌进攻的重点显然在北面。蒙哥马利想以步兵为突击队，在浓郁的烟幕掩护下从布雷区杀开一条血路，以便坦克突破防线。我的28号高地正挡在敌人开辟的通道上，是很好的炮兵观察所，但现在已落入敌军手中。"托马赶紧回答说。德军习惯于把腰子岭叫作"28号高地"。

隆美尔把拳头猛地砸在作战地图上，斩钉截铁地吼道："我们必须采取措施，把28号高地夺回来！"

他仅睡了几个小时，便于10月26日凌晨匆忙赶往前沿阵地，用望远镜观察英军的调动和部署，清楚地看到英军正在28号高地挖筑野战工事。接着他又驱车到防线的南部。视察完整个防线后，隆美尔确信托马将军的判断是正确的，蒙哥马利的主攻方向就在北部防线。这天下午，他将南部防线的所有机械化部队调集到北部防线，包括骁勇善战的德军第21装甲师和炮兵主力部队，并让凯塞林派空军轰炸英军开辟的通道。这是一场孤注一掷的大赌博。他知道，由于燃料匮乏，一旦英军发动全面进攻，这些机械化部队可能连返回各自防线的燃料都没有了。结果证明他是对的，这决定了以后几日的战役进程。

由于英军破译了德意方面的无线电密码，匆忙赶往北非的装载着 3000 吨燃油的意大利"普罗塞比娜"号油轮于 26 日在海上被击沉。另外，装载着 1000 吨燃油和 1000 吨弹药的"特吉斯蒂"号补给舰也被击沉于托布鲁克港口外。

消息传来，隆美尔像当头挨了一棒。隆美尔整整一夜都无法入睡，白天督战时从望远镜里见到的景象犹如噩梦一般折腾着他。

隆美尔似乎感到绝望了，他在给妻子的信中这样写道：

> 亲爱的露西，我是否还能在安宁之中给你写信，只有天知道了。今天还有这样一个机会。战斗打得正紧……我深信我已尽了最大的努力，去争取胜利。我并不怜惜自己。倘若我回不去，我将从内心深处为你的爱情和我们的幸福向你和我们的孩子致谢。在这短短的几个星期里，我深深体会到你们两个对我意味着什么。我在最后的一刻将会念及你们。我死后切勿悲伤，要为我感到自豪。几年以后曼弗雷德长大成人，愿他永远保持我们家的光荣。

随后 8 时 50 分，他向濒临绝境的指挥官们发布命令，指出这次反击是生死攸关的一战，必须绝对服从命令，每个人必须战斗到底："凡临阵脱逃或违抗命令者，无论其职务高低，一律军法论处。"他让指挥官们记住命令，然后将其毁掉。

他确信蒙哥马利将进行大规模突破的尝试，所以，他把南部的德军全部调往北面，仅把意大利人和不能打仗的德军留了下来。

当天下午，他看到一张缴获的英军地图，证实了蒙哥马利的意图是突破北部角落的主要防线，然后长驱直入，打到达巴海岸。隆美尔在赶往前线途中，从望远镜里看到密密麻麻的英军遭受惨重的伤亡之后，方才楔入德军布雷区。

晚上9点时，英军震撼大地的炮击开始了。10点钟，总攻的序幕拉开了。突击28号高地北部的英军部队是莱斯利·莫西德将军率领的身经百战的澳大利亚第9师，这支部队在1941年4月间曾使隆美尔的部队在托布鲁克港吃过苦头。正如隆美尔所预料的那样，英军的进攻被迫转向靠海岸北部的布雷区纵深地带，扼守这一地段的德军是第125坦克步兵团第2营，这支部队厮杀了整整一夜，显示了极强的战斗力。此外，隆美尔还在这一地段设置了强有力的反坦克屏障。

10月27日黎明时分，德军阻挡了澳大利亚师的进攻，这使得蒙哥马利被迫考虑新的战略部署。此时，蒙哥马利和隆美尔一样，在司令部里同样度过了一个阴郁的日子。经过5天的战斗，英军伤亡几近一万人，被摧毁的坦克约有300辆，超过隆美尔拥有坦克的数量总数。坦克兵只剩下900多名，更成问题的是步兵，由于打的是一场步兵消耗战，蒙哥马利实际上已没有步兵后备队，所有的步兵师都部署在前线了，特别是新西兰师和南非师，几乎没有得到兵员补充。最糟糕的是，尽管付出如此惨重的代价，仍然未达到预定的在24日要实现的目标，也就是说前线的进攻似乎并未超过先前的战略突破点。下一步该怎么办？蒙哥马利也觉得有些不知所措了。

第二节

"增压"开始

10月27日,蒙哥马利悄悄调整部署。英军在腰子岭转入防御;第10军第1装甲师撤出战线重新编组;新西兰师加强几个步兵旅和第9装甲旅继续沿海岸线发动进攻;将第7装甲师调往北部作为预备队。这样,蒙哥马利就从火线上撤出了几个师以便用于将来的大举进攻。

消息很快传到开罗和伦敦。27日中午,丘吉尔首相召见英国总参谋长布鲁克,劈头问道:"我的蒙蒂在干什么呀,是不是让战斗停下?近3天来,他什么事也没有干成,现在却要从前线撤走部队。如果他打算使一个战役半途而废的话,那为何还对我们讲只需要7天就可以获得胜利?难道联合王国找不出一个能打赢一场战斗的将军来了吗?"

丘吉尔说起来便滔滔不绝,布鲁克好不容易插话问道:"您何以得出这样的结论?"结果又引起丘吉尔一连串的责难。丘吉尔还决定召开参谋长联席会议。

12时30分,参谋长联席会议开始举行。会上丘吉尔及其他内阁成员就阿拉曼战役的一连串问题质问布鲁克。他们对战役的进展甚为不满,认为蒙哥马利在拖延误事。布鲁克不得不一再为蒙哥马利辩护,后又得到史米资的大力支持,这才终于使丘吉尔相信,战役已取得相当成功,因为英军已楔入敌防御纵深、多次挫败了隆美尔的反击,撤出部队仅仅是为下一阶段的进攻建立新的预备队。

当日,丘吉尔向亚历山大发出了一封鼓励电,电文中说:

你和蒙哥马利将军坚决地、成功地发动了目前这次决战，战时内阁国防委员会特此向你们致贺。国防委员们认为，总的局势已经证明，不顾一切危险和牺牲来进行这次残酷的战斗是完全正确的。我们向你保证，我们将不惜一切代价全力支持你为彻底击溃隆美尔部队和战斗到底所采取的一切行动。

布鲁克在顶住了对蒙哥马利的一次"信任危机"后却感到精疲力竭。他这样写道："返回我的办公室后，我在房间里踱来踱去，被一种绝望的孤独感折磨着。"

10月28日上午，在阿拉曼前线英军第8集团军的作战指挥所里，蒙哥马利不得不就他的新作战计划向从开罗赶来的亚历山大及其参谋长麦克里尼少将做了解释："根据战斗的进展情况，我已于27日开始抽调一些师留做后备队。具体做法是，让开战以来一直担负主攻的新西兰师撤到休整区域，把本战役中尚未参加过激烈战斗的南非师和印度师从侧翼调往北边补充缺口。鉴于隆美尔已将其全部装甲部队调到我们的北部走廊对面，为减少伤亡，我已把该地区作为防御正面，那里的第1装甲师也抽调出来作为预备队。我想，各位一定想知道我重新部署部队加强后备力量的目的吧？"

稍作停顿，蒙哥马利继续说："我想发动最后一次决定性的打击，我将这个新计划叫作'增压'行动。澳大利亚第9师在30日夜至31日凌晨向北发动猛烈攻击，推进至海边，把德意军队的注意力引向北面。10月31日夜至11月1日凌晨前，在北通路北面，以新西兰师为主，在第9装甲旅和2个步兵旅的支援下，向意军发起强大的攻势，撕开一个深远的缺口。之后，第10军通过缺口，穿过开阔的沙漠地带，迂回至德军阵地的后面将其消灭。"

亚历山大听着蒙哥马利的介绍，凝重的脸上渐渐露出了笑容，表示全力支持蒙哥马利。

蒙哥马利通过"超级机密"获悉28日夜与澳大利亚第8师交战的德

国部队是第90轻型装甲师的第155战斗群,这不仅表明隆美尔的全部精锐部队已投入了北面作战,还表明隆美尔手头上已经没有预备队可用了。战役开始前,蒙哥马利曾经说过,德国部队和意大利部队交错配置在一起,如果能把他们分开,那么突破由意大利部队构成的正面就不成问题了。现在看来,德军和意军完全是分开配置的,这就为集中力量攻击战斗力较弱的意军提供了绝好的机会,蒙哥马利自然不会失去这个机会。

夜色朦胧,淡淡的月光洒在海岸公路上,十几辆大小汽车正轰鸣着沿公路向西驶去。隆美尔坐在他的指挥车上,浓眉微耸,双唇紧闭,嘴角边的线条更深了,显出一副严厉的神态,坐在一旁的威斯特法尔上校知道,元帅的心绪很乱。自昨天中午起,隆美尔就获悉英国装甲部队在腰子岭一带集结。他估计,蒙哥马利再度企图取得决定性的突破。可是,整个下午没有什么动静,隆美尔想先发制人地发起反击的企图也被英国空军的一通轰炸给粉碎了。

晚上9时,来势凶猛的英国炮火开始轰击腰子岭以西地段,紧接着数百门火炮又集中轰击腰子岭以北地区。一个小时后,英军沿海岸线的进攻开始了。这一夜,隆美尔和他的司令部官兵只能在海岸公路上度过。这里虽然距前线已有一段距离,但仍然能看到炮口连续不断地发出的闪光。炮弹在黑暗中爆炸,雷鸣般的炮声不断地在耳边回响。英军夜航轰炸机编队一次又一次出现,将炸弹扔到德军头上。降落伞携带的照明弹照亮了整个战场。

司令部一行抵达原作战指挥部旧址时,已经过了午夜。隆美尔睡意全无,一个人来到海边踱步,他要好好理一理思绪。隆美尔头脑中第一次想到撤退,他试图想点别的办法,但是思来想去也没想出比撤退更好的办法。撤退必然要丧失大部分非机动化步兵,其原因一方面是摩托化部队战斗力有限,另一方面是所有的步兵都已经卷入战斗,难以迅速撤离战场。

就在这个时候,一阵沉闷的炮声将隆美尔的思绪拉回现实。经过反复斟酌,隆美尔决定,如果英军逼迫太紧,就趁部队还能机动时,向西撤退到富卡防线,撤退时尽量把坦克和武器装备撤出来,以利再战。

第三节

无奈的撤退

10月29日上午,英军在强大炮火的掩护下,继续发动进攻,并取得了一定的成效。然而,隆美尔预料的主要攻势并没有出现。于是,他利用这点宝贵的时间,瞒着意大利上司,开始策划西撤的计划。

下午,隆美尔把代理参谋长威斯特法尔叫来,一言不发地用红笔在地图上圈了一道。威斯特法尔立刻心领神会:"您是说我们将撤退到阿拉曼以西100公里处的富卡防线?"

1942年10月29日,前进中的英国"格兰特"重型坦克

"是的，因为眼下阿拉曼防线北部已经不属于我们了，所以，我们必须在富卡建立一条新的防线，以便在万不得已的时候又能撤到那里，你觉得怎么样？"

"我觉得可行，富卡像阿拉曼一样，也是一个理想的防御地域，特别是南边的卡塔拉洼地的倾斜度较大，英军不可能从侧翼突破。"

"对，我也是这样考虑的。另外，所有非作战部队可以撤退到富卡以西更远的地方，比如梅沙马特鲁地区。"

威斯特法尔惊讶地看了一眼元帅，他是怎么了，准备更远的撤退，要一撤到底吗？这在元帅的经历中可是前所未有的啊，他的信条一直是"向前，向前，再向前"的呀！

"撤退的事宜是否需要向最高统帅部或元首本人报告？"威斯特法尔小心翼翼地提醒道。

"不必了，作为战场指挥官，我完全有权力根据战局的发展做出自己的决定，你就准备拟定一个撤退的时间表吧。"

"是，将军。"

也许是由于这两天前线相对平静无事，也许是由于安排好了退路，也许是由于一艘意大利船历尽坎坷终于运来了600吨燃料，隆美尔精神状态好一些了，也能睡着觉了，他或许在想："看样子，我又能渡过难关了！"

不出所料，11月2日凌晨1时5分，蒙哥马利惊天动地的进攻开始了。200门大炮同时向隆美尔防线一段狭窄地带齐轰，构成了一道密集的火力网，成群的重型轰炸机潮水般地向该地区和后方目标狂轰滥炸。炸弹的爆炸声、坦克履带的转动声和双方官兵的喊杀声交织在一起，在这苦寒的夜晚格外刺耳。挂在沙漠上空的一颗颗照明弹像狰狞魔鬼的眼睛在尽情欣赏人间的大厮杀。

英军进展顺利，没有遭受重大伤亡。第9装甲旅凌晨6时15分开始进攻，直捣敌军阵地。不久，领头的坦克进抵敌方反坦克防线，遭到敌方反坦克武器的猛烈射击，但第9装甲旅不顾伤亡奋勇向前。天刚放亮，有

20多辆坦克已冲破防线，这是隆美尔的"大坝"崩溃前从裂缝里喷出的最初的水花。这些坦克在晨曦中消失在隆美尔防线的后方。它们在那里横冲直撞，向防守薄弱的敌军给养分队射击。但德军第15和第21装甲师迎上前来，德意部队的反坦克武器也利用正面和侧面猛烈射击，率先冲过来的英军坦克一辆接一辆中弹起火。

上午11时，隆美尔接到报告："英军坦克群已突破28号高地西南3.5公里的地段，正向西推进。"隆美尔在日记中写道："估计这里的敌军坦克有400辆，我们的坦克力量在反攻后处于无能为力的境地。根据炮兵的观察报告，在布雷区T和K两地对面，正聚集着准备增援的四五百辆敌军坦克。"隆美尔匆匆吃了几口盒饭，便赶去指挥他最后一次沙漠坦克大战。隆美尔多次立在一座高高的沙丘上审视这场大战。

英军第9装甲旅在突破中损失了74辆坦克，全旅仅剩下20辆坦克，已丧失了战斗力。但该旅终于在德军的地雷场杀开了一条血路，第1装甲师的坦克沿着这条血路蜂拥而出。隆美尔把德意部队所有残存坦克都集中过来，向英军第1装甲师的两侧猛烈攻击，均被击退。从正午至下午1时，一队队英军轰炸机凌空而至，对28号高地以西的敌军残余防线进行了7次轰炸。

下午1时30分，蒙哥马利下达了新的命令：英军主攻方向转向东北，逼近嘎沙尔海岸，以便从北部切断隆美尔的部队。英军坦克主力部队使用了数百辆谢尔曼坦克，这种坦克远比德军的4型坦克厉害，德军的88毫米口径高射炮只有在相当近的距离上才能穿透它的装甲。隆美尔一直把88毫米口径高射炮当平射炮用，打坦克效果很好，但现在他这一招失灵了。隆美尔当机立断，从防线南部调来最后的预备队，封堵英军在防线北部的突破口。激烈的战斗持续了整整一下午，双方损失都极为惨重。入夜，已被炮弹炸伤的托马将军给隆美尔打来电话："我们已尽了最大的努力将防线连成一体。战线现已稳住，但很薄弱。明天能够作战的坦克只有30辆，最多35辆。后备队已经全部出动。"隆美尔对托马说："我的计划是要全军边打边撤，退到西线。步兵今天夜里开始运动。'非洲军团'的任务是

沙漠烽烟·阿拉曼争夺战

坚守到明天早晨，然后撤出战斗。但要尽量牵制住敌军，给步兵赢得脱逃的机会。"夜间步兵部队已开始了悄悄地撤退。

这天下午，隆美尔向德国最高统帅部发出的报告中隐瞒了他要撤退的计划。约德尔将军向希特勒宣读了这份电文：

> 虽然我军在今天的防御战中获胜，但面对占绝对优势的英国空军和地面部队，经过十天的艰苦鏖战，全体将士已筋疲力尽。预计强大的敌军坦克群可能于今晚或明日将再次突破防线，我军部队确实已鞠躬尽瘁。由于缺乏运输工具，无法将意军的6个非机械化师和德军的两个非机械化师迅速撤出阵地。大批部队将被敌方的摩托化部队牵制。目前，我军的机械化部队正在浴血奋战。不过，我估计仅有一部分人员能摆脱敌军纠缠……尽管我军部队进行了英勇顽强的抵抗，显示了大无畏的牺牲精神，但鉴于此种形势，全军覆没的危险依然不可避免。

几乎就在同时，在英国一幢乡村别墅里，隆美尔的电文正被放入破译机中。专家们迅速开始翻译并分析电文，几个小时后，蒙哥马利就已获悉，隆美尔确实是不行了。

子夜时分，希特勒亲自打电话向最高统帅部的参谋人员询问："隆美尔那边还有消息吗？"回答是："没有"。希特勒才如释重负，不久便去睡觉了。

1942年11月3日早晨8时30分，凯特尔急匆匆地跑进希特勒的地下避弹室，要求面见希特勒。凯特尔手里拿着隆美尔2日晚上发来的电报，电报在结束时写道："11月2日至3日凌晨，步兵师已撤出防线。"这句话给了希特勒当头一棒。凯特尔解释说，值夜班的参谋军官未注意到这句关键性的措辞，把电文当作日常公文处理了。

希特勒紧紧揪住自己的头发，歇斯底里地喝道："在这关键时刻，隆美尔求救于我，求救于祖国，我们应当给他鼓励、给他力量。要是我清醒的话，一定全力支持，命令他坚守阵地，可是当隆美尔向我呼救时，我们居然有人在呼呼大睡。"

希特勒大肆发泄了一通后，立即向隆美尔发出一封电报，电文如下：

隆美尔元帅：

　　我和全体德国人民，怀着对你的领导才能和在你指挥下的德意部队的英勇精神的坚定信念，注视着你们在埃及进行的英勇的防御战。鉴于你目前所处的形势，毋庸置疑，只有坚守阵地，绝不后退一步，把每一支步枪和每一名士兵都投入战斗，除此别无出路。大批空援将在未来几天里到达南线总司令凯塞林那里。领袖和意大利最高统帅部必将竭尽全力积极增援，以保证你能继续战斗。敌人虽占有优势，但已是强弩之末。意志的力量能够战胜强大的敌人，这在历史上已屡见不鲜。你可向你的部下指明，不胜利，毋宁死，别无其他选择！

阿道夫·希特勒

隆美尔接到电文后，精神几近崩溃，他的部队一直处于空袭的恐怖中，已经形成了撤退的混乱局面，意大利人和德国人你推我挤、争先恐后地逃离阿拉曼战场。然而此时此刻，他一向奉若神明的元首却明令禁止撤退，他该怎么办？

往后的1小时内，隆美尔时而勃然大怒，时而惶惶不安，亲自起草了一大堆电文。其中一封电文是这样的："我的元首，我永远遵从您的命令。但在盲目服从和责任感之间我无所适从。我几乎不能拿我下属的生命做赌注，这次战役已经彻底失败，如不撤退，后果不堪设想。"但是这个电文并没有发出去，隆美尔在关键时刻仍然屈从了希特勒的指令了，接下来的事实证明了他的忠心。

隆美尔打通了托马将军的电话，向他宣读了希特勒的来电，并强调："把这项命令贯彻到士兵中去，部队必须战斗到最后的一兵一卒。"

听到这个命令后，隆美尔的参谋们强烈反对，但他们的元帅还未学会去违抗元首的特别命令。

当时，步兵、反坦克兵和工程兵的伤亡数已将近一半，"非洲军团"现在只剩下24辆坦克，第20军的"利托里奥"装甲师和"德里斯特"机械化师事实上已不复存在。

然而，这些仍然没有使希特勒收回他的那项灾难性的命令，隆美尔也只好唯命是从，他大喊着："我要求你们在力所能及的范围内，竭尽全力取得当前战斗的胜利，要做战场的主人。元首的命令已排除了任何撤退的可能，你们必须守住现在的阵地，绝不能后退！"

11月4日早晨，陆军元帅凯塞林来到部队打气。当他得知隆美尔的部队只剩下22辆坦克时，他立即改变了自己的想法："隆美尔元帅，我看我们不能把元首的电报当作一成不变的命令，它应该更是一种呼吁。"

"可我认为元首的命令是绝对不可以更改的！"隆美尔依旧坚定。

"但也要随机应变呀！"凯塞林反驳道，"元首并不愿意你和你的士兵葬身于此。你迅速给元首拍电报，就说部队损失惨重，人员剧减，不可能再守住防线。要在非洲立足的唯一机会完全系于此次撤退战，其他工作我跟元首来说。"

隆美尔尽管听从了凯塞林的指令，给希特勒发了电报，但在等待回话的时间里，他仍然固守着元首的命令，指挥部队"尽最大的力量守住阵地！"

对于隆美尔的决定，托马将军简直气疯了，他怎么也想不通，为什么明知道要去送死，却还要主动向枪口上撞，这是什么逻辑？他亲自挂上自己所有的勋章，乘着坦克赶到前线最激烈的地方去了，当英军的坦克迎上来的时候，他手里拿一个小的帆布包，向英军投降了。

就在那一天，"非洲军团"仍然执行着隆美尔"不许撤退"的命令，导致第20军遭到了全军覆没的厄运。隆美尔终于不再等待希特勒的命令了，他断然地把命运操纵在自己手中，下令撤退。

晚上8点50分，希特勒终于同意撤退了："既然木已成舟，我同意你的要求。"

就这样，隆美尔7万人的部队避免被歼，开始撤往富卡防线，也可以说是溃逃，尚不知道前面等待他们的将是什么危险？

· 第十章 ·

"沙漠之狐"败走北非

　　为了不给隆美尔喘息的机会，蒙哥马利率领士气正旺的第8集团军对"非洲军团"乘胜追击。蒙哥马利每次都觉得"非洲军团"将成为他的囊中之物，然而，令人惊奇的是，狡猾的隆美尔每次都能奇迹般地得以逃脱。气愤的蒙哥马利决定从大漠中直插隆美尔的必经之路——扎维尔，无奈之下，被逼上绝路的隆美尔只好悲伤地告别了那块曾给过他无限荣耀的北非大地——利比业。随着美军在北非的成功登陆，曾经赫赫有名的"非洲军团"更加艰难，一败再败，最终以极不光彩的方式退出了历史舞台。

沙漠烽烟 阿拉曼争夺战

第一节

艰辛的溃逃

获准撤退的隆美尔率领这支由坦克、大炮以及各种载人车辆拼凑起来的首尾长达100公里的队伍,一路上忍受着热带白天酷热的煎熬,经受着黑夜疾风暴雨的肆虐,同时还经常遭到蒙哥马利率领的第8集团军的无情空袭,他们毫不吝啬地扔下一颗颗炸弹。英军先遣部队几乎与隆美尔军团平行着高速向前推进,竭尽全力想赶到隆美尔军团的前面,阻止它的撤退。

德国战俘

在这样的陆空追击下，隆美尔体现出了身处危境时的那种惊人的狡诈。虽然疾病缠身，但他就像是一只正在被猎人追赶的狐狸，一次又一次地率领他的军团逃脱了蒙哥马利所设下的一个个陷阱，每一次都在蒙哥马利认为大功即将告成时，被隆美尔奇迹般地逃脱。最终，德军终于赶在英军之前到达了富卡。

"你率领的撤退是一次壮举，元帅阁下！"墨索里尼也不得不来电向他表示祝贺。

事实上，意大利最高统帅部私下早已开始指责隆美尔只考虑德国士兵的安危，盗用意军的车辆把德国人从阿拉曼防线撤了出来，却有意抛弃意大利步兵师。他们甚至开始怀疑隆美尔在耍弄手腕，企图撤出非洲。

德国最高统帅部也开始不信任隆美尔，认为他是个违抗军令、专横固执、欺上瞒下的败兵之将。

隆美尔认为，待在后方指挥部里的大人物们根本无视"非洲军团"和第8集团军之间近于1∶10的巨大差距，而是一味地从政治甚至面子的角度来盲目地命令他死守到底。

隆美尔有苦无处诉，只有向他心爱的妻子露西吐露心声：

> 在这个战场上，我所做的一切都是徒劳无益的。老实说，我已经鞠躬尽瘁，做出了非凡的努力，结果却落了个这么悲凉的下场。

蒙哥马利也由于没能乘胜歼灭隆美尔军团，同样受到了国内军政要人的质问。他不得不把没能追歼隆美尔军团的原因归结为："由于11月6日和7日的大雨，才使敌人幸免于被全歼的厄运。"事实上，英军第1装甲师曾一度赶到了隆美尔的前头，但是由于燃料突然告急，这才不得不停止前进，眼睁睁地看着隆美尔军团从身边溜了过去。该师师长布雷格斯将军曾一再要求他的师应带足能够作长远追击的燃料，但都

沙漠烽烟 阿拉曼争夺战

遭到蒙哥马利的否决。因为在蒙哥马利看来，弹药才是坦克的第一必需品。

进入富卡后，隆美尔开始重新布置防线。得以逃脱的隆美尔利用两天时间对他的部队进行了调整。此时，摆在他面前的无疑是个不能再烂的摊子：整个部队仅剩下 10 多辆坦克，1000 多人阵亡，近 4000 人负伤，近 8000 人失踪，意大利第 10 军被留在阿拉曼防线，没有车辆，没有燃料和淡水；第 21 军特兰托的半个师的人马于 10 月 24 日被英军赶上，而另一半则和"博洛尼亚"步兵师一起遭到了噩运；最悲惨的是第 20 军，他们于 11 月 4 日全军覆没；第 19 轻型装甲师只剩 1 个营的兵力；虎口脱险的第 164 轻型装甲师也只留下了 1/3 的兵员。昔日兵强马壮的庞大"非洲军团"，此时仅剩下了一个团的规模。

11 月 7 日，被隆美尔"抛弃"的兰克将军和他属下的 800 多名空降部队奇迹般地出现在他的指挥车旁。隆美尔兴奋地问："你们怎么赶到这里来的？"

1942 年 11 月 7 日，一架被遗弃在海岸附近的德国 88 毫米口径高射炮

兰克将军对隆美尔意见很大,因为11月4日隆美尔下达撤退命令时,并没有及时通知他的部队。

听到元帅的问话后,他很冷漠地行了个军礼,尖酸刻薄地回答道:"我们当然是指望不上别人的,只是运气稍好些,依靠自己的力量伏击了一支英军运输队,偷到了汽油,这才能追上您的部队呀。看样子,你们跑得还是不够快!"

显然,兰克将军对隆美尔不顾他们安危的做法耿耿于怀。隆美尔知道他心里不顺,便没说什么,毕竟在这个关键时刻,能搞到些汽油是非常令人振奋的,从这点来讲,兰克将军也算是立了一功。

然而,刚刚因为受到点鼓舞而增添了一点信心的隆美尔,便得到了一个令人吃惊的消息,一支由100多艘舰船组成的英美混合舰队已在阿尔及利亚和摩洛哥登陆。无疑,这将使他处于两面夹击的危境。

意大利最高统帅部的命令又尾随而来,他们要求隆美尔必须坚守富卡阵地,决不能再向后撤退。隆美尔自有打算,他知道,以他现在的实力来阻止英军推进,无异于以卵击石。目前最要紧的是赶快把军团的人员和物资尽可能向西撤退,到突尼斯获得增援后再建立一道新的防线。如果不行,干脆用船把他们运回欧洲。

于是,装甲军团还没等英军发动进攻,便又开始向后撤退。

德军由于失去了制空权,讨厌的英国轰炸机像影子一般追踪着这支仓皇奔逃的疲惫之师。它们肆无忌惮地把炸弹倾泻到"非洲军团"的头上,使隆美尔的溃逃之路逐渐转变成了一条名副其实的死亡之途。看到道路两旁那熊熊燃烧的车辆和士兵们血肉模糊的尸体,一向意志坚定的隆美尔不禁悲从中来。他站在布满灰尘的敞篷吉普车上,大声地向士气低落的士兵们喊话:"抬起头来,勇敢的'非洲军团'的士兵们,蒙哥马利那个浑蛋是追不上我们的,一旦元首给我们送来了援兵和汽油,我们就会像从前那样狠狠地教训可恶的英国人。"

然而,希特勒真的会派兵来救援吗?隆美尔没有把握让官兵们相信,事实上,连他本人也不相信。

沙漠烽烟 阿拉曼争夺战

11月8日，雨后初晴，隆美尔决定再次转移。他不得不放弃梅沙马特鲁，进一步撤退。在部队向西撤离前，隆美尔与几位装甲师指挥官开会商议，最后他们达成了这样一个共识：必须让部队按先后顺序有条不紊地沿公路行进，这样才不致被蒙哥马利一网打尽。这一招果然奏效，隆美尔和他的部队很快就撤退到了边境。

在撤往利比亚的途中，隆美尔与伯尔恩德意外地相遇了。他带来了希特勒的安慰和最新指示："我百分之百地相信你和你的部下在阿拉曼已经尽了全力，但现在唯一要做的就是尽快建立新的防线。"希特勒还向他保证将为他提供大量的新式武器，包括可以击穿敌人任何型号坦克装甲的88毫米口径反坦克炮和每辆重六十多吨的"虎"式新型坦克。

隆美尔心里十分清楚，元首的这次许诺不过是以往空头支票的重复而已。他再次命令伯尔恩德飞回德国大本营，向元首说明这样做的重要性和迫切性，并给希特勒附带了一份报告：

> 未来的形势很明显，敌军将从内陆向我们包围，几天之内残余的部队势必被围歼。单靠我们的剩余部队和为数不多的武器是不可能守住昔兰尼加的。我们必须立刻着手从昔兰尼加撤退，加扎拉防线对于我们也毫无帮助，因为我们已不可能把所剩无几的部队调到那里去。再者，我军很快就会遭到夹击包围。我们从一开始就该后撤至布雷加一线，在那条防线的后方或许能够有喘息的机会，部队若是不能大规模地休整，不能设置一条防线阻止住从西面向我们推进的敌军，最好的办法就是撤至昔兰尼加的群山之中，形成守势，然后再用潜艇、小船和飞机在夜间尽量把大批训练有素的士兵运回欧洲，以便投入其他战场。

然而，希特勒却不同意隆美尔的撤退计划。他认为，隆美尔一旦从非洲撤退，必将导致墨索里尼的垮台，失去了这个盟友又将会使德国陷入四面楚歌的绝境。很快，隆美尔便接到了希特勒的回电："我完全相信你和你的部队在阿拉曼已尽了全力，而且对你的指挥也十分满意，撤退是可以的，但只有在阿拉曼防线的北部地区完全落入敌军手中时，才应该考虑这个问题，现在考虑显然为时过早。"

隆美尔看到希特勒的回信后，感到心已凉了半截："事到如今，只能采取办法自救了。我的元首，您也未免太残忍了！"

11月15日上午，德国空军驻罗马联络官波尔将军来到隆美尔的指挥所。这一天正是隆美尔的生日，他带来了凯塞林元帅的祝贺和一大块蛋糕，同时也带来了卡瓦利诺将军的指示："元首让人转告你，庞大的增援部队正在飞往突尼斯和的黎波里的途中。轴心国在非洲的命运将取决于你是否能守住现在的防线。"

隆美尔从心里开始鄙视这些高高在上的家伙。他们对非洲目前的状况一点都不了解，却在那里令人生厌地不停地指手画脚。他对波尔说，现在他的部队坦克所剩无几，燃料也快要用完了。"我现在每天需要400多吨燃料才能调动部队，可你们每天只运来40多吨。"

波尔回去后向凯塞林做了汇报。凯塞林出于对隆美尔的同情，想方设法给他空运过来80多吨燃料。隆美尔利用这些宝贵的燃料，再次将他的部队撤出了富卡。当部队到达阿格达比亚的时候，燃料又快要用完了，而凯塞林再也帮不上什么忙了。因为现在，隆美尔的装甲军团已经越过了空军的航程，凯塞林已无法再向他们空运燃料了。

隆美尔躺在指挥车里，听着雨点不停地敲打着车顶，他已经无计可施了。

"我们的命运恐怕再也难以改变了，除非上帝给我们以奇迹。"但奇迹果真出现了。

正当隆美尔一筹莫展之际，一架德制"斯托奇"飞机降到了离隆美尔指挥所不远的草坪上，飞机停稳之后，从上面走下了一位身材矮胖的空军指挥官赛德曼将军。他扭动着肥胖的身躯，一路小跑来到隆美尔的跟前，声音颤抖地说:"报告元帅阁下!我们发现离我们不远的海岸上漂浮着成千上万的箱子和油桶,这是遭鱼雷袭击的'汉斯阿尔普号'油船上的货物,命运之神将它们送到了我们的脚下。"

隆美尔立即下令士兵们下去打捞油桶,凭着侥幸得到的这批燃料,他又一次开始了死里求生的大逃亡。

第二节

布雷加战役

11月23日,隆美尔和他的部队安然无恙地撤出了阿格达比亚,把装甲军团带到布雷加防线。他是在没有遭受什么损失的情况下,将军队从阿拉曼一直后撤了1300公里。

到达布雷加防线后,隆美尔对该地随即进行了视察。他发现,如果按照希特勒和墨索里尼的要求在这里建立新的防线,将是非常困难的。因为布雷加防线将长达160多公里,是阿拉曼防线的一倍半。然而,他此时既没有足够的坦克,也没有足够的燃料来阻止英军的迂回包围。他现在剩下的地雷也只有3万多颗,无法再像在阿拉曼那样设置一个能足以迟滞英军进攻的雷区。隆美尔决定,让斯蒂芬尼斯将军带上这些强有力的证据,去罗马劝说意大利最高统帅部放弃这种不切实际的想法。

这位将军到达罗马面见卡瓦利诺时,却丝毫没有提及隆美尔的考虑,而是趁机在那儿大肆贬低隆美尔,甚至说他还谈到万一无法阻止英军进攻,就打算投降。这一消息让卡瓦利诺大为吃惊,他马上把这一消息向德国最高统帅部做了汇报。

德、意最高统帅部经过简单磋商后,决定将隆美尔军团划归意大利驻利比亚总督巴斯蒂柯元帅的麾下,让隆美尔服从他的指挥。卡瓦利诺发电指示巴斯蒂柯:"这样也许会避免这位元帅再擅作主张,破坏我们的战略意图。"

隆美尔显然无视最高统帅部的这一决定,他仍坚持要将他的部队继续向后撤退。于是，巴斯蒂柯不得不向卡瓦利诺求助，请求他赶来制止隆美尔的行动。

11月24日，隆美尔、凯塞林、卡瓦利诺和巴斯蒂柯4位陆军元帅在召开了一次长达3小时的会议商讨撤军事宜。会上，隆美尔态度粗暴地说："我觉得完全没有必要在布雷加死守这条防线，我们的部队只有10多辆坦克和57门反坦克炮了，而蒙哥马利手中却有420辆坦克和300辆装甲车，这个仗怎么打？"

卡瓦利诺身为意军总参谋长，以命令的口气说："领袖和元首要你坚守布雷加防线！"

隆美尔苦笑了一下："既然这样，我再说也徒劳无益。但我要提醒一句，要是布雷加防线失守，那在的黎波里前面就没有任何力量进行抵抗了。"

的黎波里在布雷加以西1000余公里，是意大利在北非殖民地的重要港口，是意大利人的命根子。隆美尔此言一出，卡瓦利诺和巴斯蒂柯都僵住了，半天说不出一句话。

凯塞林连忙打圆场："我们十分钦佩你从阿拉曼的撤退，在一条1300公里长的路上拉回一支庞大的部队，就连敌军也无法阻挡住，这在战争史上是空前的。"

隆美尔不耐烦地回答说："那又有什么用！假如在一两天里敌人在这条战线上缠住我军，然后以强大兵力迂回夹击，我该怎么办？"他的话无人对答。

这次会谈自然不欢而散。

11月28日，巴斯蒂柯来电告诉隆美尔，墨索里尼已经明确提示，没有他和巴斯蒂柯的直接允许，隆美尔不得再将他的部队向后撤退。墨索里尼甚至还提出，让隆美尔寻找有利时机，向英军的先头部队发动局部反攻。

隆美尔再也忍不住心中的怒火了。他命令他的部队做好撤退的准备，随即将指挥权交给接替托马职务的费恩将军暂时代理，而他没和巴斯蒂柯打一声招呼，就和伯尔恩德登上了自己的"亨克尔"飞机飞回了德国。他决心自己亲自回德国一趟，当面向希特勒陈清当前的危难局势，让他放弃这个错误的决定。

下午3点多钟，隆美尔抵达东普鲁士的腊斯登堡机场。凯特尔和约德尔亲临机场迎接他。随后，他在凯特尔元帅的陪同下前往"狼穴"。

4点多钟，当隆美尔见到希特勒时，却没料到他劈头就问："你没有我的允许，为什么擅离职守？"

在随后一个多小时的会谈中，气氛极其紧张。希特勒质问隆美尔为什么一退再退。

"因为我们没有足够的士兵和装备。"

"那么你现在还有多少人员呢？"

"大概还有六七万。"

"那么英军进攻你们时有多少人？"

"八九万人。"

"那么这样看来，英军并没有占据多少优势，"希特勒不无嘲讽地说道。

"可是我们的武器几乎都快没了，我们只剩下10多辆坦克，燃料也快用完了，甚至还有几千名士兵连步枪都没有。"隆美尔忍不住诉苦了。

"那是因为你们在逃跑时都把武器装备给扔了。"希特勒终于找到了发泄的机会。

"可是除非我们得到强有力的增援，否则我们在非洲无法固守。"隆美尔小心翼翼地表达出他的观点。

这句话犹如一颗火星飞进了整堆炸药之中，它立即使希特勒把他这么多天来心中的积怨全都迸发了出来。他尖声地叫了起来："你现在的提议和那些在苏联战场上的将军们在去年冬天提出的那些怯懦想法完全是一回事。他们让我把军队撤回德国，我拒绝了，事实证明，我这样做是完全正确的。你现在要考虑的不是撤退，而是在现在的防线上阻止住英军的进攻，如果你这样做了，我保证你马上会获得一个转机的。"

看到隆美尔默不作声，希特勒以为他已经开始接受他的观点，随即放缓了语气说道："你知道，如果我们再这样退下去，或者放弃非洲，都将会在意大利产生极为恶劣的反响，所以，你必须固守住现在的防线。凯塞林的空军将会竭尽全力帮助你们的。我马上就给墨索里尼去个电话，让他亲自接见你一下。如果你有什么困难，可以当面向他汇报。"

隆美尔心情沮丧地离开了元首大本营，登上了开往罗马的专列。和他一同前往罗马的还有戈林。在随后40多个小时里，隆美尔无可奈何地目睹着这位帝国元帅的丑态。隆美尔找个借口跑到了另一节车厢。在那里，隆美尔苦苦思索到罗马后该怎样才能说服墨索里尼放弃他的想法。突然他迸发出一个念头，为什么不将军团撤到突尼斯呢？在那里，他可以和奈宁将军新组建的军队抱成一团，然后再向刚刚到非洲不久还立足未稳的美军发动突然袭击。这真是一个绝妙的主意。他决定立即征求戈林的意见，争取到他的支持。

戈林听了这个主意后，开始时还表示怀疑，担心这是不是隆美尔又要和他耍什么花招，为逃跑寻找一个借口。但隆美尔接着详细地解释说，他打算将部队撤到战前法军在利比亚和突尼斯边境修建的马里斯防线。他补充说："这道防线南北两面都有盐碱沼泽地作屏障，而这道防线离突尼斯的两大港口都很近，这两个港口都与意大利毗邻，这无疑将使我们毫无后顾之忧。另外，这个国家的粮食也很充足。"

隆美尔的一番说辞最终打动了这位希特勒最信任的元帅。"这的确是一个好主意。"他看着隆美尔说道，"不过，我们还要征求一下意大利最高统帅部的意见。"

11月30日下午，隆美尔在罗马参加了墨索里尼主持的作战会议。席间，当隆美尔提到他的这个计划后，立刻招来一阵嘲笑。凯塞林认为这只不过是隆美尔又在玩弄的一个花招而已，两人争吵起来。

最后，墨索里尼在听了戈林的解释后，才出面调停了这场激烈的争吵。

"我想元帅阁下，只有当您断定英军的确要进攻布雷加的情况下，你才可以撤到的黎波里以东360公里的布厄艾特防线。"墨索里尼对隆美尔提出了要求。

12月2日清晨，隆美尔飞回利比亚。此时，他心力交瘁。与希特勒的会见使他绝望，相比之下，他觉得墨索里尼比较讲道理。一回到布雷加，隆美尔就急于搜集燃油，部署撤退。他亲自飞往布厄艾特，从空中视察地形和安排撤退道路。

从12月6日起，意大利步兵部队先行撤出布雷加。随后的日子里，隆美尔便待在司令部里，期待着蒙哥马利的坦克大冲锋。他要乘蒙哥马利集结好部队，准备最后一击的时刻把自己剩下的部队一下子拉走。

12月10日，当隆美尔得知蒙哥马利就要发动进攻时，他终于有权将他的部队撤出布雷加防线了。夜里，隆美尔命令所有车辆都不准开灯，在每辆车前都派有一名士兵负责引路。就这样，隆美尔从英军的眼皮底下悄悄地撤出了布雷加。

正当隆美尔全力争取允许撤退的命令时，蒙哥马利却抽时间飞往开罗度周末去了。他去看望了中东英军总司令亚历山大，购置了一些新衣服，并去参加了大教堂星期日的早礼拜。当蒙哥马利从开罗返回后，发现隆美尔有撤退迹象。为防止这位狡猾的狐狸不打一仗就溜掉，蒙哥马利决定提前发起进攻。

12月11日早晨，英军向早已空无一人的布雷加防线开始了猛烈炮击，步兵跟在坦克后面向早已无人防守的阵地发起了冲击。

隆美尔在日记中沾沾自喜地记下：

> 敌人显然没有发现我们在夜里已经悄悄撤走了，而我们的工兵专家设计的雷阵正在恭候他们的到来。敌人自称他们抓到了一百多名俘虏，这纯属自欺欺人。

在向布厄艾特撤退的途中，燃料又很快用完了。隆美尔不得不让他的部队在诺菲利亚停下来，等候补给的到来。

蒙哥马利得知这一消息后，立即派出一支坦克特遣队前去切断隆美尔的退路，防止隆美尔再次溜掉。当天晚上，开罗和英国的广播电台不止一遍地播放了隆美尔和他的装甲军团终于在诺菲利亚被装入了"瓶子"的消息。

沙漠烽烟 ·shamofengyan·
阿拉曼争夺战 ·alamanzhengduozhan·

听到这一消息,隆美尔忍不住暗自窃笑。他对部下们嘲笑说,"只要我们把油箱中的油加满,他们很快就会发现这个'瓶子'又将空无一物了。"

12月12日,就在蒙哥马利准备探囊取物的时候,救命的10多吨燃料终于运来了。依靠这些燃料,隆美尔击溃了蒙哥马利企图切断他退路的坦克特遣队。随后运来的几十吨燃料又让他从蒙哥马利的"瓶子"中再一次钻了出来。

第三节

告别的黎波里

当隆美尔的部队到达布厄艾特时,英国广播还在吵吵嚷嚷地宣布:

英军已经对诺菲利亚形成了合围之势,正在准备进攻;纳粹官兵虽然竭尽全力拼命突围,但都被英军一一击退,隆美尔已经成了"瓮中之鳖"。

此刻,隆美尔已没有心情来嘲笑这些了。刚刚收到的墨索里尼发来的电报明确无误地命令他再也不能后退了,必须坚守住布厄艾特防线。这使隆美尔感到费解。墨索里尼空有一番雄心壮志,他们那支糟糕的军队却胆小如鼠、不堪一击。隆美尔弄不明白墨索里尼凭什么认为利比亚天经地义的属于意大利。他认为,为了防守一个在军事上几乎毫无价值的的黎波里,而不惜让历经千辛万苦才勉强保存下来的"非洲军团"拼个精光,这种打法太不值得了。

"这帮蠢货,我们要是按照他们的要求做,那么英国人的广播稿只需要把其中的诺菲利亚改成布厄艾特就行了,而且这次他们再也不是胡说八道了。"隆美尔气愤地对威斯特法尔说,"既然要我担负责任,就要给我指挥的自由。"

隆美尔坚持他的主张,而形势也变得越来越糟,墨索里尼再一次顺从了隆美尔,允许他万一遭到进攻,可以退到的黎波里以东的霍姆斯山口。

12月25日，蒙哥马利向第8集团军全体官兵发布了圣诞文告，祝愿大家圣诞快乐。在文告中，他引用了约克郡一位名叫赫尔的姑娘寄给他的圣诞贺信，使整个文告充满了亲人般的温情，全体官兵倍感亲切。圣诞节过后不久，他收到第8集团军一名士兵的信。这封来自普通士兵的信，使蒙哥马利非常高兴。他一直珍藏着这封信，并将它一字不落地引用在他的"回忆录"中。因为它最真实地说明了他在第8集团军官兵心目中所树立的形象，以及他的演讲在士兵精神方面所产生的巨大影响。

蒙哥马利认为，突破隆美尔的布厄艾特防线需要速度，而进军的黎波里关键在于后勤保障。从班加西到的黎波里的距离为1086公里，从布厄艾特到的黎波里的距离为370公里。所以，进攻前必须集结足够的供应物资，以保障部队能够有充足的燃料进军的黎波里。为此，蒙哥马利下令尽快备足供10天战斗用的汽油、弹药和供应物资。参谋人员报告说，必要的军需品的集结可望在1月14日前准备就绪。于是，蒙哥马利决定于1月15日凌晨发动攻势。

1943年1月14日，美国总统罗斯福和英国首相丘吉尔在卡萨布兰卡举行会谈，决定建立北非战区，由美国的艾森豪威尔将军担任总司令、英国的亚历山大将军担任副总司令。北非盟军重组为第18集团军群，下辖安德森率领的英军第1集团军和蒙哥马利率领的英军第8集团军、弗雷登道尔率领的美军第2军及部分法军。亚历山大担任集团军群的司令，负责指挥盟军在北非的地面部队。

1943年1月15日凌晨，蒙

艾森豪威尔（1890—1969），美国政治家、军事家

哥马利按计划向的黎波里发动了攻势，蒙哥马利最后选择了沿海岸线推进的方案，并亲自指挥。隆美尔命令第15装甲师动用为数不多的几辆坦克断后，其余加速撤退。第一天向后撤了65公里，第二天夜里又撤了80公里。这样隆美尔在开战后的两三天时间里便到达了墨索里尼指望他3个星期后才准到达的霍姆斯山口。

现在，墨索里尼也终于明白，的黎波里的丧失已经在所难免了。为了不让英军得到一个完好的港口，免得日后用作向罗马进攻的基地，意军开始了疯狂的破坏活动。为了掩护破坏活动，墨索里尼要求隆美尔至少要在霍姆斯坚守一个月，但隆美尔却坚持认为这不是他所能决定的，关键在于蒙哥马利什么时候继续进攻。"如果他全面进攻的话，为了保存我们的实力，我不得不继续后撤。"他对巴斯蒂柯参谋长表示，"我们实在不能指望以霍姆斯防线来阻挡住英军的进攻，我们很难在这里坚持上两天。"其实，隆美尔这时已经盯准了下一道防线——马里斯防线。

霍姆斯防线是的黎波里前面的最后一道防线，但这里没有做任何防御准备。英军紧跟而来。19日，隆美尔用望远镜向英军掀起的滚滚尘埃望去，数着英军坦克的数量，共有200多辆。绝望之感再次抓住他的心。当隆美尔巧妙地用炮火遏制住英军的正面进攻后，他本能地感觉到，这是英军在玩声东击西的花招。他立即命令部队密切注意英军的动向。果不其然，下午，空军报告说英军的一支由1400辆坦克和车辆组成的部队正在向海岸公路挺进。蒙哥马利的意图很明显，他想从隆美尔防守力量薄弱的海岸方向进行突击，迂回包围隆美尔军团。得知这一消息后，隆美尔立刻命令他的军团向马里斯防线转移。他私下承认："我宁可把的黎波里让给敌人，也不希望我的军团再次受到重大损失。"

的黎波里是意大利在北非殖民地的首府，这里有豪华的商埠和良好的港口。回想1941年2月隆美尔率领的非洲军就是在这里下船登上北非的土地的。当时一败涂地的意大利人把隆美尔的部队视为救星，举行了盛大的欢迎仪式。隆美尔在的黎波里城的大街上举行了虚张声势的阅兵式，然后雄赳赳向东开去，迎击英军。现在他却要将其拱手送给英国人了。

蒙哥马利从截获的电文中已推断出德军将放弃的黎波里。1月20日，他取消了原定作战计划，令主力部队沿滨海公路径直发动主要攻击。

意大利人手忙脚乱地着手炸毁的黎波里的各种设施和弹药库，震耳欲聋的爆炸声整夜震撼着这座城市。

1月23日凌晨4时，蒙哥马利的第8集团军先头部队第11轻骑兵师、第50皇家坦克团以及第1高地师进入了的黎波里，未能及时销毁或运走的成千吨军用物资一起落入了蒙哥马利手中。当天中午，蒙哥马利在该城接受了未来得及撤走的意大利军政人员的投降。

蒙哥马利曾表示：如果在对布厄艾特进攻后，10天之内还拿不下的黎波里，他就将放弃这次进攻。因为他担心重大的伤亡又会给那些政客们找到抨击他的把柄。隆美尔这样不战而退，的确是把蒙哥马利从这种进退两难的窘境中解脱了出来。

第8集团军攻占的黎波里之后，为防止部队沉湎于大都市的物质生活而腐化变质，蒙哥马利禁止使用宅邸、大楼等作为指挥部和营房，所有人员必须住在沙漠或田野里，以使部队保持坚忍不拔的战斗力。

蒙哥马利接下来的任务是突破德军的马里斯防线，第8集团军必须依赖的黎波里港供应作战物资。因此，占领的黎波里后，由于港口的入口处完全被沉没的船只堵塞，航道上水雷密布，蒙哥马利便致力于使港口畅通，以便船只进港后每天都能卸下大批物资。

1月25日，隆美尔的"非洲军团"撤到突尼斯南部。26日凌晨5时59分，"非洲军团"冒着倾盆大雨越过边境进入突尼斯。6小时后，隆美尔来到"非洲军团"设在突尼斯的司令部。

别了，利比亚！别了，的黎波里！这个他曾经赢得胜利的舞台。别了，埋葬着1万余名德意将士的墓地。曾几何时，他在这里登上了军事"金字塔"的顶端，但顷刻间一切都"樯橹灰飞烟灭"。

第四节

最后的疯狂

马里斯防线是驻突尼斯的法国军队于20世纪30年代末修建的防御工事。它东翼临海，西翼坐落在迈特马泰山，与沙漠地遥遥相望，全长32公里，由几十个孤立的小地堡和一些坚固筑垒的阵地构成。防御工事的坚固给英军进攻带来了一定的困难。

隆美尔的"非洲军团"退守突尼斯后，在马里斯防线上部署了兵力。隆美尔和德军指挥官冯·阿尼姆共拥有14个师的兵力，包括3个德军装甲师和1个意大利装甲师。"非洲军团"位于内线，可以以"拿破仑"式的双重出击，先打退一路盟军，再掉过头来收拾另一路盟军。

意大利人对于隆美尔这种不做任何抵抗就把的黎波里拱手相送给英军的行为愤怒到了快要发疯的地步。"隆美尔跑得比我们在那里的侨民还要快，"卡瓦利诺恼羞成怒地对墨索里尼说，"我们甚至还来不及破坏的黎波里的一些重要设施。"

罗马再也无法忍受隆美尔这种只顾自己军团安危而一再违抗命令的做法了。1月26日，意大利最高统帅部给隆美尔发去一份电报。电报说，鉴于隆美尔的健康状况，由梅塞将军接替他的职务。梅塞是意大利将军，曾在苏德战场上指挥意大利远征军入侵苏联。

隆美尔对重用意大利人十分不满，而且他不喜欢突尼斯北部"非洲军团"的阿尼姆将军。这样一来，会师后的力量非但没有加强，反而由于指挥关系紊乱和人事因素，力量大为削弱。按照命令，隆美尔应该回国养

沙漠烽烟 阿拉曼争夺战

病,但是他拒绝离开。2月1日,当意军的梅塞将军从苏联战场赶来接替他职务的时候,他借口说要等到战局稳定下来后再交接,拒绝马上交出他的指挥权。事实上,隆美尔正在等待时机反击盟军,以雪前耻及回敬墨索里尼和希特勒对他的种种责难。

艾森豪威尔和蒙哥马利的东西攻势尽管缩小了对突尼斯"非洲军团"的包围圈,并使包围圈的口袋逐渐收紧,然而进展并不顺利。

2月初,英国首相和帝国总参谋长到第8集团军视察,蒙哥马利到机场亲自迎接。英国第8集团军情绪高昂,在的黎波里华丽的街道上举行了雄伟壮观的入城式。第51高地师的管乐队高奏凯歌走在最前列。随后又举行了盛大的阅兵式,参加检阅的有苏格兰师、新西兰师、皇家装甲部队和皇家陆军后勤部队。部队精神饱满,威武雄壮。丘吉尔兴高采烈,不停地向久经沙场的将士们挥手致意。当他来到蒙哥马利的野战司令部时,向总部的2000名官兵发表了热情洋溢的演说,最后两句是:

每夜还得架起我们的活动帐篷;
一天的行军更接近了家园。

随后蒙哥马利的先头部队抵达隆美尔的新防线——马里斯防线前,两军在这里对峙起来。

远涉重洋而来的美国大兵,显然已把自己看成是非洲大陆的解放者了。他们每天喝着法国人为他们提供的香槟和白兰地,驾着吉普车在大街小巷招摇过市,或是到沙漠里兜风。他们似乎已经快要忘记这儿还是战场,更想不到濒临灭亡的隆美尔会集他最后之余力与其一搏。

隆美尔把他的集团军从的黎波里周围的复杂地形中解脱出来后,到2月初,德军大部分已在马里斯防线站稳了脚跟。隆美尔与突尼斯德军指挥官阿尼姆之间的责任界限正好定在马里斯—加贝斯隘口的北面。此时,第21装甲师已经进入阿尼姆的辖区之内,这样,两条战线就互相交错起来。按道理讲,它们彼此靠得越近,就越能从"内线"的运用中得到好处,但不幸的是，由于隆美尔撤出的黎波里过于突然，使意大利人十分不满，结果意大利人、凯塞林和希特勒的参谋机构全都反对他，反而使德军的力量被微妙地削弱了。

1943年2月4日，隆美尔巡视了前线。他发现"在最近的将来，德军有对加夫萨采取一次军事行动的可能"。加夫萨是一块原有1万多居民的沙漠绿洲，居民们住在那些掩映在棕榈树丛中光彩夺目的粉红色楼房里。现在成了艾森豪威尔准备进攻隆美尔的马里斯—斯法克斯补给线而部署的美军的中心。

隆美尔拟订了一个新的作战方案，准备在艾森豪威尔的部队和蒙哥马利第8集团军之间开拓中心阵地，目的是要首先从背后包抄袭击艾森豪威尔，然后掉头东向攻击蒙哥马利。这是一个大胆、出色的作战计划。可是阿尼姆并不急于为实现隆美尔的计划而分散自己的兵力，他计划把第10装甲师从刚占领的弗德山口推进到锡迪布齐德，以便巩固他在突尼斯"山脊"东面的山岳阵地。但两个计划不可能双管齐下，因此德国南线总司令凯塞林决定阿尼姆的计划居先，隆美尔的计划在后。

锡迪布齐德和加夫萨均在盟军防线的南部。锡迪布齐德在北，加夫萨在南，两地的突破将形成一个钳形。可是，阿尼姆和隆美尔两个配合极不协调，并为在突尼斯的有限的装甲师归谁所有展开了激烈的争论。他们两人还常常因为违抗德意最高统帅部的命令而相互指责，纠缠不清。

1943年2月14日，隆美尔发动了代号为"春风"的攻势行动。第21装甲师从弗德山口的前沿阵地向前推进。为组织这次进攻，隆美尔几乎调用了所有的坦克。德军以包围的态势，向锡迪布齐德地区的美军第1坦克师发动了进攻。

美军对于德军的进攻并非一无所知。美国陆军上将布莱德雷后来在回忆录中坦率地承认了这一致命的错误：

虽然我们从破译的德军情报中得知了这一消息，但是我们很快便认为这是敌人声东击西的老花招，只不过是想掩盖其向西线英军进攻的真正意图，所以，我们并没有认真地对待。

在德国空军强有力的支援下，德军用火力把美军吸引到了正面。同时，两支坦克部队深入到了美军的侧翼，对美军实施了迂回包围。旋即与被包围的美军展开了激烈的坦克大战。美军虽然拥有当时最先进的坦克，但美军坦克手缺乏实战经验，显然不是那些久经沙场的德军坦克手们的对手。战斗打响没多久，战场上便遍布着熊熊燃烧着的美国坦克。

美军在德军的突袭下被打得措手不及，损失惨重，狼狈地向西撤退。第21装甲师在隆美尔的催促下乘胜追击，德军进入斯贝特拉。

2月16日，当阿尼姆的部队正向斯贝特拉推进时，隆美尔像一只追逐猎物的狐狸，亲自动身前往加夫萨。沿途挤满了前进的坦克、汽车，他触景生情，感慨万端。自阿拉曼战役以来，他一直被蒙哥马利追着屁股打，现在复仇的机会到了。"让美国佬尝尝我隆美尔的厉害吧！"他心里想。

此时，美军已撤出加夫萨。隆美尔指挥非洲装甲集团军迅猛推进。2月17日下午，美军炸毁设在特贝萨的燃料库和弹药库。"这是美军神经紧张的明证。"隆美尔对身边的参谋人员喊道。

隆美尔热血沸腾，准备拼全力进行一场巨大的赌博。他想趁同盟国军混乱之机，与阿尼姆的机械化部队发动一场联合攻势，直指阿尔及利亚的特贝萨。

他在给阿尼姆的电话中大声喊道："向同盟国军主要运输线深入冲击，会迫使英美两军将部队撤回阿尔及利亚——这是同盟国军司令官们目前最担心的前景！"

但阿尼姆没有隆美尔那种气魄，无意进行大规模军事行动。更令隆美尔勃然大怒的是，阿尼姆竟将第10装甲师调走。

2月18日上午，隆美尔急得发疯，在指挥部中不停地踱来踱去。最后，他决定把自己的建议电告意大利最高统帅部。隆美尔的建议得到了凯塞林的赞同，罗马最高统帅部同意两个装甲师归隆美尔指挥，同样的命令也下达给了阿尼姆。

"那天隆美尔在焦急等待中度过了一个晚上，"他的副官伯尔恩德后来回忆道，"已经很久没有喝酒的隆美尔要了一瓶香槟，并表示他现在就像一匹伏枥老骥在等待吹起的军号声"。

然而，深夜约2点钟时，隆美尔喜悦的心情被罗马来的电报扰乱了。罗马虽来电同意这次进攻，但他们却自作主张地修改了隆美尔原来的进攻目标，命令隆美尔进攻的头一个目标不是特贝萨，而是塔莱和勒凯夫。"这些鼠目寸光的家伙，"隆美尔看完电报后气愤地叫嚷着，"他们要我们向勒凯夫进攻，距离敌人的防线正面太近，一定会碰上敌人强大的战略预备队，这无异于把我们推向敌人的陷阱。"

但已没有时间再和罗马争辩了。隆美尔只能把他计划的实现寄托在盟军还没来得及准备的设想上了。2月19日凌晨2时30分，隆美尔命令他的部队穿越塔莱向勒凯夫方向展开进攻。

这时候，英美军队得知这一消息，慌忙地把原来调集到塔莱的战略预备队又重新调回到勒凯夫附近。"如果隆美尔这时按自己的计划行事的话，那么我们便面临灭顶之灾了，"英军亚历山大元帅后来回忆说，"我们只能把赌注压在隆美尔不得不依从罗马当局的命令上了，除此之外，我们别无他法。"

2月20日，隆美尔的进攻刚开始，便受到了英美军队的顽强抵抗。在卡赛林地区，由于美军据守着山口两侧的高山，居高临下地猛烈阻击，一向习惯于沙漠作战的德军无法继续推进。隆美尔不得不调用了刚运抵非洲战场不久的新式火箭炮。这种6管火箭炮一次可把40公斤的炮弹射向美军的防守阵地，美军伤亡惨重，不得不在下午5点钟放弃了阵地。

黄昏时，隆美尔获知在山口的另一端有一支敌军的坦克部队正在集结。他立即命令第10装甲师的坦克迅速向前推进，并让工兵以最快的速度在哈塔布河上架好桥梁让坦克通过。美军对于隆美尔如此迅速的推进始料不及，被迫仓促应战。在战场上留下被击毁的二十多辆坦克和近30辆装甲运输车后，美军又开始继续后撤了。

好景不长。德军第10装甲师向塔莱发起进攻时，受到美军的强烈抵抗。德军的推进再一次被迫停止。随着英美援军源源不断地开进防守阵地，隆美尔感到他期待已久的最后胜利正在烟消云散，就像一名马拉松选手一样，他已经再次力不从心了，在离终点仅一步之遥的地方倒了下去。21日下午，他不得不宣布停止继续进攻。

2月22日，隆美尔料想盟军不久就会发动一次较大规模的反攻。晨间，空中侦察表明，盟军大批增援部队已到达前线。轴心国部队的左侧处境越来越危险，要进一步乘机穿过塔莱这条路，显然希望极小。前一天下午，非洲装甲集团军的另一支部队冲上了通往特贝萨的岔路，旨在占领那里的几处山口以掩护向塔莱推进的侧翼，但被高地上美军大炮发射的密集炮火阻止。美军在这里所显示的日益成熟的战术和他们的大炮百发百中，都给隆美尔留下了深刻的印象。隆美尔感到，他不可能再取得更大的胜利了。

22日下午，德国南线总司令凯塞林及其新任参谋长威斯特法尔上校驱车前来，发现隆美尔坐在指挥车里垂头丧气，正专注地倾听着雨点拍打着车顶的声音。无论他俩怎样劝慰，都不能改变他颓丧的心情。隆美尔坐在那里只是摇头，连身旁的电话铃响都没有听见。隆美尔坚持停止进攻，组织撤退。他说："继续向西进攻不会再取得什么好处，阿尼姆违抗军令，私自截留第10装甲师的部分兵力和虎式坦克，使进攻兵力不足。"隆美尔还把责任归咎于意大利最高统帅部："我建议进攻特贝萨的理由是这样做会使敌人措手不及，而且比进攻勒凯夫会取得更大的成功。他们根本就不懂得去冒经过深思熟虑的风险的意义。"凯塞林无奈，只得同意隆美尔的决定。根据计划，当天傍晚，轴心国部队奉命开始撤退，首先是向卡赛林山口后撤。

隆美尔之所以急于撤退，更重要的原因是要尽快回到东面的马里斯防线。蒙哥马利正在那里不断施加压力。隆美尔觉得跟美国人没有什么过不去的地方，他要亲自和蒙哥马利这个敌人中唯一占过他上风的将军算账。

当隆美尔组织撤退之时，盟军司令部的高级人员尚未察觉。美军第2军军长弗雷登道尔指挥犹豫不决，安德森还在从防御的角度考虑问题。22日晚上，盟军驻扎在斯比巴的部队，因担心隆美尔可能在塔莱突破而威胁其后方，所以向北撤退了16公里。出于同样的理由，特贝萨的美军也在考虑撤退。

甚至23日早晨发现敌人从塔莱撤走后，美军还没有展开追击，直到当日深夜才发出25日总反攻的命令。而这时候，隆美尔的部队已通过卡赛林山口安全撤走了。

第五节

血溅梅德宁

具有讽刺意味的是,2月23日罗马发布了一道命令,把轴心国在突尼斯的部队组成新的"非洲集团军群",由隆美尔担任集团军群司令,辖阿尼姆第5装甲集团军和梅塞的意大利第1集团军。大权在握的隆美尔决定率先向蒙哥马利的第8集团军发起进攻。

然而,蒙哥马利从"超级机密"提供的情报中知晓了隆美尔进攻的是梅德宁,遂加强了这一地区的防御力量。他在梅德宁地区部署了近4个机械化师、400辆坦克、350门大炮和470门反坦克炮。英军严阵以待,准备狠狠打击来犯的德意部队。

梅德宁阵地位于一个海湾里,由西面的马特马他山及从该山向大海延伸,以马里斯命名的防线围成。它包括梅德宁西北面断裂的高地及与之相连的极为有用的泽萨干河反坦克障碍。

2月26日,由于蒙哥马利第8集团军的增援,隆美尔的"非洲军团"不得不停止对美军的进攻。"非洲军团"从英国第1集团军的正面撤走后,蒙哥马利估计德军很可能转过身来攻击他的第8集团军。

在2月28日至3月3日这段时间,蒙哥马利非常焦虑,因为他在前线没有足够强大的兵力来对付隆美尔可能发动的反攻。马里斯战役马上要打响了,这是一项艰巨的任务,必须进行充足复杂的准备。蒙哥马利很快就得到隆美尔向第8集团军正面调动军队的情报。

然而,蒙哥马利并没有慌乱,他决定采用阿兰哈尔法战役的打法对付隆美尔。他把新西兰师从的黎波里调来，负责保卫梅德宁地区，第 7 装甲师则部署在该师的右翼。第 25 近卫步兵旅暂时置于第 7 装甲师的指挥下，占领了一座叫塔杰拉基尔的小山，以此来填补第 7 装甲师与新西兰师之间的缺口。

3 月 4 日晚，德国最高统帅部作战局局长约德尔向希特勒宣读了隆美尔的撤军报告。希特勒听后，立即联想起 1942 年 11 月以来隆美尔就进攻突尼斯的有利形势而做出的那些保证。这份报告跟隆美尔以前对希特勒所说的话完全相反，过去隆美尔一直要求在突尼斯进攻，现在却要把部队撤回昂菲达维尔。希特勒坚决反对，并立即命令约德尔起草复电。

3 月 5 日晚，蒙哥马利获得情报，隆美尔将于明晨发起攻击。

3 月 6 日清晨 6 时，薄雾缭绕，德军 2 支装甲部队在薄雾中从马里斯防线内陆一端的群山沿着梅德宁与图坚之间的公路摸索前进。与此同时，德军第 90 轻型装甲师和意军"斯皮齐亚师"开始向英军第 51 高地师发起攻击。英军的野战炮和中型炮向推进中的德意军队发动了猛烈的反击，而反坦克炮则尽可能等到最后一刻才开火。英军发现，德意军队的坦克和步兵之间的协同很差，已经丧失了往常的冲劲。英军阵地没有遭到任何突破。

中午时分，德意军队向后撤退并重新进行了编组。重新编组后的进攻没有给他们带来任何好处。在上午遭到惨败后，3 个装甲师的指挥官一起协商后决定，派步兵在坦克前推进。这是一种绝望的自杀式进攻。英军的雨点般的炮弹把敌军步兵打得焦头烂额、抱头鼠窜，后面的坦克的推进也被阻遏。

20 时 30 分，隆美尔下令结束战斗。在这一天的战斗中，英军损失轻微，而隆美尔的部队则伤亡 653 人，损失 50 多辆坦克。

同一天，根据盟军总司令艾森豪威尔的命令，巴顿将军接管美军第 2 军。巴顿决定提高第 2 军的士气和战斗力，以实际战绩表明该军官兵能够对付隆美尔的部队，并且一点都不比英军差。

3 月 7 日早晨，正在 713 高地上巡视的隆美尔收到了希特勒的复电，希特勒的拒绝让他感到绝望。约德尔在电报中直接引述了希特勒的原话：

> 陆军元帅隆美尔对局势的估计完全不同于以前在的黎波里以东期间的讲话，现在陆军元帅却要求把2个军团撤到突尼斯一带无法施展武力的桥头堡地区，这将是失败的开始。

希特勒的要求是：2个装甲军团必须不断地进攻盟军，使盟军失去平衡。至于德意部队需要的补给，运往突尼斯的补给品将增加一倍，随后再翻一番。隆美尔看到电报后，感到自己受到了愚弄，心脏痛得已经无法支撑下去。身边随行人员把他抬上指挥车，马上赶回司令部。不久，医生告诉隆美尔说："您必须马上回国接受治疗，一刻都不能耽误。"

在梅德宁失败后，隆美尔已得出这样的结论：对德国和意大利部队来说，留在非洲是"明摆着的自寻死路"。

第六节

"沙漠之狐"含泪告别

　　在私人医生的劝告下，隆美尔决定返回德国去彻底治疗。3月7日下午，隆美尔在飞机旁向将军们挥泪告别。第5装甲集团军司令阿尼姆没有前来送行，因为他早就瞒着隆美尔回罗马向凯塞林求援去了，他想让凯塞林向意大利海军提出请求，把部队运回意大利。

　　3月8日，匆匆赶回突尼斯的阿尼姆紧紧抓住还未离开的隆美尔的手，请求隆美尔挽救仍在突尼斯的2个装甲军团的命运。阿尼姆说："德国再也经受不起第二个斯大林格勒惨败了，我们还要等到什么时候，意大利海军才能把我们运回去？"

　　隆美尔静静地看着阿尼姆，过了很久才说："将军，我已尽力了，但是元首不同意我们撤军。"隆美尔向大家敬了个礼并许下诺言："我这次回去再劝一劝元首，一旦出现不好的情况，我会即刻回来的。"

　　1943年3月9日上午7时50分，心情沉重的隆美尔元帅在他的众多将军的欢送下，含泪登上飞机前往罗马，从此，这只曾经叱咤北非的"沙漠之狐"再也没有踏上这片土地。

　　17时，隆美尔在罗马会晤了墨索里尼。他一向对这位独裁者的传奇经历深表佩服，双方的会谈始终在和睦的气氛中进行。两人谈了25分钟。墨索里尼用流利的德语询问军事行动失败的经过："蒙哥马利事先知道我们的进攻吗？"

　　"知道。"

"元帅认为马里斯防线能守住吗?"

"部队已经尽全力加强防御了,还布了18万颗地雷,但是马里斯防线没有天然的反坦克防御工事,对防守来说非常困难。"

隆美尔还告诉墨索里尼,蒙哥马利现在有11000多辆坦克和卡车。与阿拉曼战役时相比,蒙哥马利的优势更明显。墨索里尼稍作沉思,对隆美尔说:"我们必须守住突尼斯,它是非洲的最后堡垒。没有了非洲,将对我们更加不利。"

隆美尔点了点头,表示同意,但是他告诉墨索里尼说,目前近650公里的防线太长了,战争的胜负完全取决于给养的供应。墨索里尼表示同意隆美尔的看法,并说:"我一向乐观。意大利和德国遇到了困难,但是我相信英国人和美国人同样有他们的问题。如何战胜困难呢?我认为最好的方法就是坚强的意志力,只要我们拒绝接受失败这种观点,我们就能赢得最终的胜利。"

3月10日18时,希特勒在他的"狼穴"大本营接见了隆美尔。见后,他仔细地打量着隆美尔,发现隆美尔脸上和脖子上长满了脓疮,脖子上还缠着绷带。他认为隆美尔的精神已经崩溃了。隆美尔也在打量着希特勒,形容枯槁,脸色苍白,完全失去了往日的风采。

希特勒说,人们在失败后总是看到阴暗的一面,这是一种经常使人做出错误判断的危险习惯。希特勒含沙射影地给隆美尔贴上了"失败者"的标签,这让隆美尔感到非常不爽。隆美尔决定用死缠烂打的方法一定要劝说希特勒同意收缩防线。隆美尔将突尼斯的局势向希特勒详细地做了汇报,特别强调了补给的困难。隆美尔再次恳求收缩防线,希特勒坚决不同意。隆美尔忍不住与希特勒争吵起来。

3月11日,希特勒授予隆美尔骑士十字勋章上佩戴的钻石。隆美尔成为第一个荣获钻石的陆军军官,然而,他仍不肯放弃收缩防线的请求。23点20分,希特勒邀请戈林和隆美尔共进晚餐。

一连3天,隆美尔都在参加希特勒主持的军事会议。有人说,隆美尔又在骗取希特勒的宠信。对此,隆美尔感到十分恼火,决定尽早离开。他仍坚持收缩防线，这是他为非洲部队所做的最后一件事。希特勒认真考虑了隆美尔的请求，他也不想上演第二个"斯大林格勒式"悲剧。

3月12日中午，希特勒把隆美尔叫来，同意了他的部分请求。希特勒下令："将第1集团军的步兵撤回昂菲达维尔偏南的瓦迪阿卡里特地区。不过，应出动更多的部队防守马里斯防线，一旦它有被突破的危险，应立刻放弃。"

根据这一命令，德意北非军队的防线缩短了300公里。希特勒准备派海军总司令邓尼茨亲自飞往罗马向墨索里尼施压，以加快对突尼斯补给物资的运输，起码每个月要送去15万吨。隆美尔认为15万吨是完全不可能做到的，但他没有说什么，毕竟希特勒已经给了他很大的面子。

隆美尔与希特勒告别后，飞往维也纳，爱妻露西正在那里等他归来。隆美尔的专机刚刚起飞，一封电报就送到身在罗马的凯塞林元帅手中："元首批准了隆美尔元帅的病假……这件事必须绝对保密，甚至对突尼斯的高级指挥官也要保密。"

3月14日，希特勒让邓尼茨亲自捎信给墨索里尼。希特勒的这封信长达10页，他在信中向墨索里尼解释：

> 鉴于医生的建议是刻不容缓的……隆美尔的敌人害怕与他对垒，我请求你方一定要对隆美尔的解职绝对保密……不管后人如何评价隆美尔，对于"非洲军团"尤其是对于德军官兵，他在每个指挥岗位上都曾受人信任。尽管他在阿拉曼战败了，但我清楚一切……

自从隆美尔钻进他那架绿里透黄的专机离开非洲后，接下来的近两个月里，非洲的往事就像一场噩梦一般总是萦绕在他的脑中，挥之不去。在那里，他手下曾经有1万多名士兵和9名将军命归黄泉，而他现在只能在家中安安静静地疗养。

隆美尔离开北非战场养病的情报很快就被盟军截获，许多英军军官欣喜若狂。然而，美国的巴顿将军却深感失望，他认为这是他个人的"重大挫折"。巴顿认为只有战胜隆美尔，才能奠定他在世界军事史上的地位。他曾经对一位朋友说："我花了多年时间充实自己，就是为了准备对付隆美尔。我平生的愿望就是与这个人一决高下。"隆美尔的病退浇灭了巴顿的梦想，从此北非战场再也提不起他的兴趣。

4月14日，盟军总司令艾森豪威尔通知美军第2军军长巴顿：调他到摩洛哥制订进攻意大利西西里岛的计划，第2军军长由副军长布莱德雷接任。

4月26日，美军第2军推进了8公里后又受到阻击。"非洲军团"在一座光秃秃的山上构筑了防御工事，按照法国地图上的标高，这座山被称为609高地。609高地在美军第2军的整个战线上是制高点，扼制了第1师东进的道路。布莱德雷将夺取609高地的任务交给了赖德第34师，让该师有个洗刷耻辱的机会。赖德经过精心准备后发起了进攻，费了九牛二虎之力，拿下了较低的山头，然后在猛烈的炮火掩护下强攻609高地。他的部队连续冲锋三次，均未成功。美军第2军与敌军成僵持状态。

亚历山大很快发现代号为"铁匠"的总攻并不成功，没有在任何地方取得真正的突破，到处都陷入停滞不前的状态。但是，"非洲军团"为对抗这次进攻已用尽了他们少量的物资。

到4月26日，"非洲军团"2个集团军的燃油已经不够1天的需要，弹药也只能维持2天。他们的食物补给也十分短缺，阿尼姆事后曾说："即使盟军不发动进攻，至迟到6月1日我也只好投降，因为我们没有什么可吃了。""非洲军团"后勤保障跟不上是其最终失败的重要原因之一。

5月12日，在亚历山大的精心组织下，盟军消灭了德意残余部队，德军司令阿尼姆被俘虏。为了提高意大利军队的士气，墨索里尼将意大利第1集团军司令梅塞晋升为陆军元帅，然而梅塞这个时候已经准备投降了。不过，梅塞要求只向蒙哥马利的第8集团军投降，而不向初出茅庐的第1

集团军投降。

至 5 月 13 日，轴心国部队残余的官兵全部投降。盟军俘敌约 25 万人，其中，德军 12.5 万人。在这些俘虏中，有隆美尔能征善战的原非洲装甲集团军的残部，也有不久前从德国和意大利调来的精锐部队。5 月 13 日下午 2 时 15 分，亚历山大兴奋地电告丘吉尔："突尼斯战役已经结束。敌人的一切抵抗已经终止。我们已经是北非沿岸的主人了。"

5 月 13 日，当隆美尔从广播中收听到有大约 25 万名德意官兵在突尼斯投降的消息时，在日记中写道：

> 当我听到我的部下走进盟军战俘营的时候，不由悲从中来，我似乎已经看到大厦将倾、独木难撑的情景。

至此，非洲战争全部结束，德意军队以惨败告终。

第 8 集团军对北非战场最后的胜利所作的贡献是巨大的。它把隆美尔和他的军队赶出埃及、昔兰尼加、的黎波里，然后协同第 1 集团军将他们全歼在突尼斯。从阿拉曼到突尼斯相距大约 4800 公里，第 8 集团军却在短短 3 个月内拿下的黎波里，6 个月内拿下突尼斯，创下了史无前例的光辉战绩。

5 月 19 日，丘吉尔应邀在美国国会发表演讲。丘吉尔在演讲中对北非战役进行了总结。他风趣的演讲受到国会议员们的欢迎，并通过广播电台向全世界进行了转播。丘吉尔在演讲中说："我们应该感谢希特勒这个下士的军事知识，就像我 3 个月前在英国下议院所预言的一样，我们这次又可以欣赏这个下士的军事才华了。这个下士使保卢斯元帅和他的第 6 集团军在斯大林格勒遭到歼灭后，现在同样使我们的敌人在突尼斯遭到类似的命运……"

6 月 3 日，英国首相丘吉尔在蒙哥马利的纪念册上题词：

> 敌军在突尼斯全军覆没，最后投降总数达 24.8 万人。这标志

着阿拉曼战役以及进军西北非这个伟大业绩的胜利结束。祝你们在以往的成就和新的努力的基础上，取得更加辉煌的胜利。

温斯顿·丘吉尔
1943年6月3日于阿尔及尔

尾　声

阿拉曼战役是第二次世界大战中北非战场的转折点，使纳粹德国意图占领埃及、控制苏伊士运河及中东油田的希望完全破灭。时任英国首相丘吉尔曾如此评价这场战役："阿拉曼战役前，我们战无不败；阿拉曼战役后，我们战无不胜！" 70多年过去了，那场战役的血与火早已散去，但那里曾发生过的一切，不应该也不曾被人遗忘。无数将士的牺牲，才换来了现在的和平。

埃及北部小镇阿拉曼的盟军公墓上，镌刻着这样的墓志铭：

"在这里安静地睡去，在这里永远被人铭记。"

纪念澳大利亚士兵的阿拉曼公墓